T0243948

*Pedro Sánchez o el síndrome de Narciso*

LUIS HARANBURU ALTUNA

# *Pedro Sánchez o el síndrome de Narciso*

## De la democracia al socialpopulismo autócrata

ALMUZARA

Editorial Almuzara • Sociedad actual
Director editorial: Antonio Cuesta
Editora: Ángeles López
Corrección: Ana Acero
Maquetación: Joaquín Treviño

www.editorialalmuzara.com
pedidos@almuzaralibros.com - info@almuzaralibros.com

Editorial Almuzara
Parque Logístico de Córdoba. Ctra. Palma del Río, km 4
C/8, Nave L2, nº 3. 14005 - Córdoba

Imprime: Gráficas La Paz
ISBN: 978-84-10521-36-0
Depósito legal: CO-458-2024
Hecho e impreso en España - *Made and printed in Spain*

*In memoriam*

*Mikel Azurmendi y Mario Onaindia.*
*Y a cuantos hicieron el camino desde la tribu a la polis.*

# Índice

# *Prólogo*

TEO URIARTE

Este ensayo que prologo, lo digo sin rodeos, trata de entender la personalidad del presidente Sánchez, al dedicar su autor un profundo estudio de su personalidad que recuerda, aunque este sea más extenso, el que dedicara Marx a Luis Bonaparte en su *El dieciocho Brumario*, personaje al que con toda justeza no dejó de llamarle crápula, y donde el autor de los grandes sistemas filosóficos nos indica que la política pasa por el carácter de sus dirigentes y hasta por cómo hacen la digestión sus protagonistas.

Posiblemente nunca conozcamos las razones que llevaron a Pedro Sánchez a romper traumáticamente con la postura que España, con sus diferentes Gobiernos de derechas e izquierdas, había mantenido con respecto al Sahara occidental, rompiendo con uno de los referentes identitarios más sólidos de la izquierda y con la resolución de una institución tan cara en sus discursos como es la ONU. Fue sorprendente que lo hiciera sin causa conocida por la opinión pública, sin ni siquiera rumor periodístico que pudiera avanzar la decisión que se iba a tomar y sin ninguna solvente explicación.

Este giro en la política exterior fue llevado de forma radical, de la noche a la mañana, sin pasar por el Consejo de Ministros y mucho menos por las Cortes. La decisión parecía surgir de la voluntad de un déspota del Antiguo régimen. ¿Hubo chantaje del reino de Marruecos o de alguna otra potencia? Probablemente nunca lo sabremos. Pero el ensayo que nos presenta Luis Haranburu Altuna nos puede sugerir fundamentadas hipótesis y razones de por qué nuestro presidente actúa de tan arbitraria manera.

No fue el caso del contencioso marroquí con el Sahara el único en el que nos viéramos sorprendidos, recordándonos a los viejos del lugar cómo tomaba muchas decisiones el dictador Franco, el cual, como deben saber, acaparaba todos los poderes. Con Sánchez las formas democráticas que hasta la fecha habían regido en la corta democracia española desde su «no es no», que paralizó la vida política, estaban cambiando en un sentido autoritario amén de agresivo, pues no se puede empezar el primer debate al que asiste llamando «indecente» a su oponente. Lo que no es óbice para recurrir al victimismo cuando él se considera el insultado.

Resultó de una prepotencia desmedida las dos veces que anuló derechos fundamentales de la ciudadanía, y cerró las Cortes mediante un decreto de alarma a causa del covid-19 (declarado inconstitucional), o que gobierne escandalosamente mediante el decreto ley, o que repetidamente haya llevado a cabo decisiones que anteriormente proclamara no realizar, sea el acuerdo de formación del «Gobierno Frankenstein», los pactos con Bildu o el indulto a los condenados por sedición y malversación en Cataluña. O que se haya atrevido recientemente a promover una amnistía, cuando en varias ocasiones él y su Gobierno la habían calificado de inconstitucional en un ejercicio de constructivismo jurídico execrable, y negociar la presente legislatura con el prófugo Puigdemont en Suiza menospreciando al legislativo, al poder judicial y al propio rey.

Llama la atención la sensibilidad de su partido al denunciar como delito de odio la rechazable acción, por parte de manifestantes, de destrozar una piñata que representaba su figura, cuando desde el Gobierno se ha obviado todo tipo de actos contra la figura del rey y de otros políticos, y se ha permitido homenajes a presos de ETA, lo que pudiera indicar un culto a la personalidad digno de otros regímenes e impropios de nuestro sistema democrático.

Pues bien, sobre estos comportamientos descubrirán sugerentes reflexiones en este libro, en el que su autor se cuida mucho de denominar autócrata al personaje que analiza, aunque lo compara con todos los que sí responden a este calificativo y que han pasado o están presentes en la política internacional. Y lo hace sesudamente, con todo tipo de referencias, mostrando una gran preocupación ante las consecuencias que puede producir el comportamiento de este líder. «Es muy posible —escribe— que el presidente Sánchez pase a la historia como el campeón del *bibloquismo* y de la polarización política. España se encuentra dividida, como jamás lo estuvo desde la época que precedió a la guerra civil. Se trata de una división impostada de manera artificiosa que tiene por finalidad la perpetuación en el poder del llamado "bloque progresista"». Y añade: «¿Es normal que el interés personal de uno prevalezca sobre el interés general de toda una nación?».

Y para conseguir tal polarización el autor considera, siguiendo a Félix Ovejero, que ha logrado mutar a la izquierda en una ensoñación romántica del progreso como nueva religión civil, con el triunfo del sentimiento frente a la razón, y donde «el personalismo cesarista de su dirigencia constituyen el basamento de esta nueva iglesia que nos considera creyentes o descreídos antes que ciudadanos. La izquierda ha desaparecido al amortizarse la razón, la igualdad, la libertad y el esfuerzo que siempre figuraron en el blasón de la izquierda política».

Haranburu Altuna sostiene sus opiniones sin caer en el insulto, basándose en el carácter narcisista del actual líder del socialismo español, narcisismo surgido de un evidente resentimiento. Para ello se apoya en un largo listado de psicólogos, sociólogos y politólogos: Freud, Otto Kernberg, Heinz Kohut, Christopher Lasch, Robert Jay Lifton, Amando de Miguel, Marie-France Hirigoyen, Joaquín Sama y Melanie Klein (autora del ensayo *Envidia y Gratitud*), y otros más cercanos a nosotros como Unamuno, Félix de Azúa o Fernando Sabater. No cabe duda de que la osadía del autor al someter a su análisis a tan encumbrado personaje cuenta con muchas referencias de autoridad, lo que pudiera entorpecer la rapidez de lectura y exigir una cierta dedicación.

«¿Qué humillaciones no habrá sufrido Sánchez para tener tan frenética sed de venganza personal?[1]». Lugar de donde parte el tratamiento del personaje para conectar con la argumentación de Nietzsche sobre este trauma. En palabras del autor: «El resentimiento, cuna del narcisismo, es el motor que ha acelerado la eclosión identitaria contemporánea. El nativismo, el progresismo reaccionario, el feminismo *woke* o los nacionalismos insolidarios tienen en el resentimiento la herida narcisista que los impulsa».

---

1    Irse preparando. (2023, 11 de noviembre). F. de Azúa. *The objective.* https://theobjective.com/elsubjetivo/opinion/2023-11-11/irse-preparando-sanchez/

En general, todas las cualidades de nuestro presidente (su contumaz uso de la mentira, cuyo caso más reciente y llamativo es recordarle al portavoz de UPN, en el debate de investidura, que gobernaban en Pamplona gracias a su partido cuando ya había pactado entregar la alcaldía a Bildu; la falta de piedad con sus oponentes, como lo demostrara en la persecución de Tomás Gómez; o la carencia de escrúpulo utilizando a las personas como clínex) quedan englobadas en el análisis del profundo narcisismo del que adolece.

Concluyo con el autor: «Las cosas solo pueden ir a peor mientras seamos gobernados por hombres y mujeres que solo tienen la perversa obsesión de quererse a sí mismos».

Vitoria, 8 de enero de 2024

# Introducción

El escenario político que se ha abierto con la investidura de Pedro Sánchez, gracias al apoyo de todos los que desean derruir nuestro hábitat democrático, es imprevisible además de problemático e inseguro. Es por ello que cabe preguntar: ¿Por qué y cómo hemos llegado al escenario actual? ¿Qué oscuras fuerzas inciden en la actual deriva política de España? ¿Es acaso un problema derivado de la coyuntura política española? ¿Es debido al extravío de un partido político que ha perdido el norte del sentido de Estado? ¿O es tal vez la personalidad de nuestro presidente la que determina esta situación compleja y opaca donde la libertad y la igualdad se muestran problemáticas?

En la historiografía existen diversas corrientes a la hora de señalar a los protagonistas de la historia. Una de ellas sostiene que la historia es el resultado de las acciones y decisiones de los individuos que, con su voluntad, carácter y talento, influyen en el curso de los acontecimientos. Autores como Plutarco, Carlyle, Nietzsche, Gregorio Marañón y Ortega y Gasset apoyan la tesis de la importancia de las individualidades en la historia. Otros como Marx, Engels, Lenin y Gramsci, en cambio, afirman que la historia es el producto de las condiciones materiales, sociales y culturales que determinan el comportamiento de los individuos y los grupos humanos.

Posiblemente, ni los partidarios de las individualidades, ni los que valoran las relaciones sociales de los colectivos poseen toda la razón, y es la concomitancia de individuos y de contextos históricos lo que determina el devenir de la historia. Si miramos al presente nos encontraremos con instituciones que tienen un carácter neutro, donde las individualidades carecen de protagonismo y este corresponde a colectivos burocráticos. Como ejemplo de una institución de este tipo, podríamos mencionar a la Unión Europea, que carece de personalidades destacadas. Muy por el contrario, nos encontramos con naciones y Estados fuertemente marcados por sus dirigentes, que reúnen las características de una personalidad narcisista.

Actualmente vivimos una eclosión de personalidades narcisistas que, al modo de Putin, Erdogan, Trump, Xi Jinping o Macron imprimen su sello personal a los Gobiernos que presiden, de modo que es del todo obligado estudiar sus biografías y actuaciones públicas para tratar de entender y, tal vez, predecir sus políticas. Es una obviedad que en la España actual tenemos a una individualidad descollante, que durante su presidencia al frente del Gobierno ha marcado de manera determinante la política española. Nos estamos refiriendo, por supuesto, a Pedro Sánchez Castejón, secretario general del PSOE y presidente del Gobierno de España. Como bien apunta Ignacio Varela: «No hay duda de que Pedro Sánchez es el político español más importante de la década. Nada de lo sucedido en España desde el verano de 2014 se explica sin él»[2].

Para bien o para mal, lo que Varela afirma es una evidencia. La personalidad de Pedro Sánchez ha marcado la historia política de España en la última década. Este marcaje, sin embargo, no es ajeno a la manera de ser de Pedro Sánchez ni al perfil psicológico de nuestro presidente. Su personalidad narcisista nos ayudará a entender los porqués de algunas de sus actuaciones y nos aclarará algunos de los resortes psicológicos que explican su manera de proceder. Nada se entiende en la política española de la última década sin tener en cuenta la peculiar personalidad del presidente que lo impregna todo.

En la segunda parte de las memorias de Pedro Sánchez que lleva por título *Tierra firme*, se cantan las excelencias de nuestro presidente y se glorifica su manera de ejercer el poder, sin atisbo alguno de autocrítica. Sánchez se nos presenta como el avezado piloto que ha traído a buen puerto la nave que es España. La exitosa singladura, sin embargo, no ha acabado aún, ya que se propone navegar «de la resistencia a la tierra firme que llegará cuando culminen las transformaciones en marcha». Las transformaciones en marcha son varias y todas ellas afectan, negativamente, a la estabilidad política

---

2    Del «no es no» al «somos más. La España descoyuntada». (2023, 15 de noviembre). I. Varela. *El Confidencial.* https://blogs.elconfidencial.com/espana/una-cierta-mirada/2023-11-15/espana-descoyuntada-pedro-sanchez-investidura_3774017/

de la nación, a la unidad de su territorio y a la concordia de la sociedad española. Pero de entre la profusa y reiterada narración de los supuestos éxitos de Pedro Sánchez, llama la atención una reflexión del presidente que lo retrata, tal vez sin proponérselo. Casi al final de su libro Sánchez realiza la siguiente consideración sobre Vladimir Putin: «La forma de ser de Putin, determina su forma de ver el mundo y ha tenido un papel decisivo, como dirigente de un país autocrático»[3].

Si el nombre de Vladimir Putin lo sustituyéramos por el de Pedro Sánchez, posiblemente obtendríamos una foto fija de lo que acontece en esta España presidida por el autor de la frase. Efectivamente la forma de ser de nuestro presidente determina su forma de ver el mundo, y ha tenido un papel decisivo como dirigente de este país (cada vez más) autocrático. Es decir, Sánchez es consciente de que la personalidad de un dirigente determina su cosmovisión y ejerce un papel decisivo en su manera de gobernar. Lo que no dice el presidente es que él, al igual que Putin, padece de un trastorno de personalidad narcisista que determina su forma de ver el mundo y condiciona sus políticas. Es de esto de lo que trata el presente ensayo.

Escribir sobre la personalidad de alguien es una tarea azarosa, en tanto en cuanto la privacidad de cada cual impone límites infranqueables al cuestionamiento de las personas. Pero las cosas cambian cuando la persona en cuestión posee una proyección pública e incide en la vida de cada cual. Pedro Sánchez ha actuado en política con alguna opacidad e incluso, a veces, de espaldas a quienes están legitimados para juzgar y, en su caso, corregir sus actuaciones, pero ello no obsta para que los ciudadanos tengamos el derecho de opinar sobre su actividad pública. Las actuaciones de nuestro presidente afectan a nuestras vidas y tenemos el legítimo derecho para observar y tasar su actividad. En democracia, la ciudadanía está habilitada para emitir juicios morales y políticos sobre sus dirigentes y no solo en las elecciones habilitadas para ello, sino que es un derecho inherente a la participación democrática. Es, por lo tanto, en el uso del derecho de todo ciudadano a juzgar y a criticar al gobernante, por lo que nos hemos «entrometido» en la vida y milagros de nuestro

---

3    *Tierra firme.* P. Sánchez. Ediciones Península (2023), p. 268.

presidente Sánchez para tratar de comprender y, en su caso, apoyar o no sus políticas que tanto nos conciernen.

Este no es un ensayo de índole meramente psicológico, sino que pretende ir más allá de los rasgos característicos de alguien para realizar un análisis político de las causas que intervienen en nuestro devenir político como sociedad y como ciudadanos. Existen suficientes evidencias para aventurar que la personalidad de Pedro Sánchez ha determinado y determina sus políticas, que tienen una repercusión directa en nuestras vidas. Es por ello que nos hemos propuesto indagar sobre su personalidad, tratando de hallar la razón última de algunas de sus políticas.

La Psiquiatría ha habilitado instrumentos y patrones de conducta que ayudan a rastrear y entender algunas constantes de la personalidad narcisista. Dichos instrumentos pueden ser correctamente utilizados, sin recurrir al examen clínico y pormenorizado de las personas objeto de estudio, cuando se trata de identificar y calificar actuaciones de orden político que son públicos y notorios. Lo que pretendo decir es que no es preciso reclinar en un diván a Putin ni a Sánchez para darse cuenta de que sus acciones políticas pueden ser objeto de observación y análisis. Hace dos mil años quedó sentenciado que «por sus frutos los conoceréis» (Mateo, 7) y es que al árbol se le conoce por sus frutos. Es desde esta evidencia empírica como podemos aproximarnos, con tiento y buena fe, a analizar los frutos cosechados durante la última década en el huerto de Sánchez. Un huerto donde hallaremos frutos similares a los cosechados por personajes emblemáticos con nombres tan sonoros como Donald Trump, Boris Johnson, Vladimir Putin o Silvio Berlusconi. Pedro Sánchez se ha ganado a pulso el derecho a figurar en la nómina de los ilustres personajes que acabamos de enumerar.

La pregunta que cabe formular sin ningún tipo de cortapisas es la siguiente: ¿es Pedro Sánchez narcisista? La respuesta es afirmativa en la medida en la que todos los humanos lo somos en un grado u otro, por lo que habría que reformular la cuestión en otros términos: ¿es Pedro Sánchez un narcisista patológico? El autor de este ensayo es incapaz de responder a semejante pregunta, ya que no cuenta con una cualificación académica al respecto. Sin embargo, quien esto escribe se ha preocupado de realizar algunas lecturas e indagar sobre casos clínicos, que le permiten calificar de plausible y verosímil la hipótesis de un trastorno de personalidad narcisista. Es un trastorno muy corriente, tanto en la clase política como en la financiera y la empresarial. No obstante, no seré yo quien pontifique sobre si Pedro Sánchez padece un trastorno de personalidad, dejo al lector que se haga su propia composición de lugar, y mi tarea se limitará a indicar comportamientos, indicios y síntomas para que el lector se sitúe. El lector adulto y avisado sabrá hacerse una idea al respecto y concluir sobre si Pedro Sánchez se ajusta al patrón de comportamiento de un trastorno de personalidad o no. Por mi parte, me limitaré a mostrar los frutos para que desde ellos se pueda identificar al árbol.

Vayamos, pues, a los frutos. Y a los hechos.

El primero y más destacado de los frutos de la gobernanza de Sánchez es la construcción de una trinchera política entre dos bloques antagónicos. En un lado está la España reaccionaria e históricamente perversa que PP y Vox representan, y frente a ella se alza la España progresista, feminista, ecologista y solidaria que representan la veintena de partidos soberanistas o de izquierda extrema, amalgamados en torno a Sánchez. Poco importa el que en el bando de la España progresista se sitúen partidos de signo racista o directamente partidarios de la liquidación del espacio político que constituye la nación española. Es típico de la mentalidad narcisista la percepción de la realidad en términos maniqueos, donde el bien y la virtud se residencian en el lado del narciso (lado correcto de la historia), mientras que la maldad, el vicio y la corrupción anidan en el bloque opuesto. En la sesión de investidura del día 15 de noviembre de 2023, Sánchez proclamó en el Congreso que su meta política era la construcción de un muro «democrático» para hacer frente a la extrema derecha. «Conmigo o contra mí» es la personal visión narcisista de Sánchez. Es este un fruto ya cosechado por Sánchez, y en su virtud España ha recobrado el fantasma de las dos Españas enfrentadas, retrotrayéndonos a los tiempos que precedieron a la tragedia de 1936.

El segundo de los frutos cosechados por Pedro Sánchez consiste en la mayor acumulación de poder, desde la muerte de Franco, en su persona. La posesión del poder, de todo el poder, es la meta ambicionada de todo narciso, y Sánchez se ha empleado a fondo para anular los contrapesos típicos de toda democracia. Comenzó clausurando el Congreso durante la crisis sanitaria del covid-19, clausura que el Tribunal Constitucional declaró ilegal y continuó eludiendo al Congreso en su tarea legislativa. Los decretos leyes se convirtieron en norma, y los controles del Consejo de Estado y la tutela de la abogacía del Estado se convirtieron en papel mojado. La gota que ha colmado el vaso, en el afán de colonizar todos los aparatos del Estado, lo ha supuesto la acusación de *lawfare* al conjunto de la judicatura según el acuerdo de investidura alcanzado por el PSOE y Junts en Bruselas. Es decir, Pedro Sánchez ha dado por buena la imputación de prevaricación a los jueces españoles. Sánchez está a punto de acumular todo el poder en sus manos.

El tercero de los frutos obtenidos por Pedro Sánchez consiste en la parcial anulación de las prerrogativas del rey. Desde la cancelación de la presencia del rey en actos oficiales celebrados en Cataluña, hasta la expresa desautorización de la figura del rey mediante la ley de amnistía pactada con Puigdemont a cambio de sus siete votos, supone un claro ejemplo de personalidad narcisista, al no tolerar que nadie esté por encima de su persona. La pulsión narcisista se evidencia cuando el histórico mensaje institucional del rey, del día 3 de octubre de 2017, es desautorizado al asumir Sánchez el relato político del secesionismo catalán, en virtud del cual se legitima el *procés*, con grave menoscabo de todas las instancias legales y políticas que se opusieron al golpe soberanista contra la democracia.

El cuarto fruto cosechado por Pedro Sánchez Castejón es el de su soberana arbitrariedad al proclamarse por encima de la ley y de la moral políticas. Narciso no reconoce una instancia superior a la de su ambición de poder. Es por ello por lo que recrea una realidad paralela presidida por su particular y egoísta interés, y guiada por una axiología propia. Ya nos avisó Nietzsche de la capacidad del resentido para generar una nueva realidad, tras subvertir la tabla de valores al uso. El narciso es, en definitiva, un resentido que trata de vivir con su herida narcisista y no concibe ninguna ley que contravenga sus intereses. No es que el narciso mienta y cambie constantemente de opinión. No. El narciso se orienta tan solo por lo que en cada momento indica la brújula de su ambición. No es que sea arbitrario o mienta, sino que desde su mendacidad orgánica (realidad virtual e interesada), el narciso es plenamente coherente con lo que el propio interés le dicta. El cambio de opinión sobre el Sahara, por ejemplo, o la sustitución de los relatos en caso del *procés* catalán o del terrorismo de ETA, obedecen a la pulsión última de su interés particular, dictado por su ambición.

El quinto y más reciente de los frutos producidos por el árbol *sanchista* es de la ley de amnistía cosechada entre el PSOE y Junts. Si es cierto que por sus frutos se conoce al árbol, la fruta que ha madurado con el nombre de amnistía para todos los implicados en el *procés* catalán revela con meridiana claridad el tipo de árbol que lo ha producido.

Es un hecho que la investidura de Sánchez es la culminación de un fraude en el que la manipulación y la mentira han jugado un papel determinante. Fraude con respecto al espíritu de las leyes, manipulación del contexto cognitivo de la ciudadanía y mentira basada en la mendacidad orgánica de un presidente disociado de la realidad. Decía Max Scheler que la mendacidad orgánica era una de las notas específicas del resentimiento y de la distorsión de los valores. El narcisista resentido subvierte la tabla de valores al uso, para construir una axiología propia cuya finalidad es servir a su desmesurada ambición.

La democracia parlamentaria se rige por las mayorías, pero estas han de ser coherentes y racionales con la vista fija en el interés general. La mayoría que ha hecho posible la investidura de Sánchez es un conglomerado guiado por intereses espurios que tienen en común la obscenidad de sus propósitos. Porque obsceno es mercadear con lo que es de todos, a cambio de satisfacer la ambición personal de alguien, y obsceno es el propósito de unas minorías empeñadas en subvertir el orden constitucional del que España se dotó en la Transición.

La clave de bóveda de la investidura de Sánchez no es otra que una tortuosa y falaz amnistía, arrancada al sistema por quienes trataron de arruinar nuestra democracia constitucional. Tortuosa por el constructivismo jurídico del que se ha hecho gala, para meter con calzador una ley de amnistía que contraviene el espíritu de nuestra Constitución, y falaz por la mentira que pretende equivocar la defensa de los altos valores constitucionales con la mísera ambición de quien precisa de media docena de votos para gobernar de manera despótica. Es preciso hacer notar que al malvado despotismo ilustrado, que nos gobernó durante una parte del SIGLO XIX, le sucede ahora el peor despotismo de la incuria y la sinrazón.

Hay tres razones fundamentales para denunciar el fraude que representa la ley de amnistía redactada al son de los intereses de Puigdemont y sus secuaces.

La primera de ellas es su inconstitucionalidad, que se pretende eludir recurriendo a artimañas dolosas de una retórica mendaz, saboteando el espíritu de la ley y la axiología conexa a ella. Nuestra Constitución es la que ampara los valores de la libertad, la igualdad, la solidaridad, la concordia y la justicia, valores todos ellos que son denigrados y sacrificados en el altar de una ambición venal.

La segunda de las razones es que la ley que supuestamente ha de contribuir a la concordia de los ciudadanos profundiza en la discordia, que durante cinco años de Gobiernos presididos por Pedro Sánchez, se ha buscado potenciar el bibloquismo como estrategia para perdurar en el disfrute del poder.

La tercera de las razones tiene que ver con el desarme del Estado de derecho frente a la sedición y la malversación de los fondos públicos, al quedar al albur de futuras asonadas y golpes de estado contra la democracia. La ley de amnistía buscada y propiciada por el PSOE de Sánchez vulnera gravemente la división de poderes al situar la decisión del líder carismático por encima de la ley.

En la entrevista que Pablo Motos hizo a Pedro Sánchez en plena campaña electoral, el presidente del Gobierno trato de refutar el término *sanchismo*, y no sin un cierto sarcasmo concluyó diciendo que: «el *sanchismo* es mentiras, maldades y manipulación». Se trató, obviamente, de un *lapsus linguae*, que ocurre cuando alguien se siente demasiado seguro de sus cualidades y desprecia las críticas y argumentos de sus adversarios. La autodefinición de Sánchez tiene la virtud de la concisión y de la oportunidad. Es difícil definir tan escuetamente el perfil político de una gobernanza que no ha dejado indiferente a nadie. Glosando brevemente la autodefinición mencionada, es posible rastrear actuaciones políticas de Pedro Sánchez donde se corrobora la existencia de mentiras, maldades y manipulaciones que, por otra parte, constituyen tres elementos estructurales del trastorno de personalidad narcisista.

Las mentiras que jalonan la actividad política de Sánchez son muchas y variadas. Ya avisó Maquiavelo que al príncipe le estaban permitidas las mentiras siempre que estas le ayudaran a lograr y preservar el poder. Pero hay mentiras y mentiras, algunas son leves y todos los políticos mienten cuando prometen el cielo o niegan la existencia de los infiernos, pero hay mentiras que son auténticos fraudes que tergiversan la realidad. Esa realidad que el narcisista se inventa a su conveniencia. En el caso de Pedro Sánchez, la mentira es compulsiva y él miente sin pudor ni vergüenza. La mendacidad orgánica a la que ya hemos hecho referencia es, tal vez, la principal característica de su personalidad, que los suyos tratan de camuflar con el eufemismo de «cambios de opinión».

Las maldades que forman parte de la autodefinición de Pedro Sánchez se aglutinan en una única maldad que tiene el nombre de «discordia». Es la principal característica de las políticas llevadas a cabo durante su vida pública. La discordia es su arma más letal. Llegó a la cúspide del PSOE sembrando la discordia y enfrentado a quienes desde la Transición habían formado un cuerpo que, pese a las desavenencias, se había mantenido unido. Las corrientes dejaron de existir y quienes disentían de las políticas del líder eran condenados al ostracismo y al silencio. Pese a ser llamativa la forzada unanimidad en el seno del partido, todo queda en casa, pero cuando se formula la intención de levantar un muro frente a la mitad de la nación, la maldad encarnada en la discordia se convierte en letal. Es una obviedad el hecho de que España ha retrocedido democrática, cultural y políticamente desde que el *noismo* de Sánchez tomo cuerpo en la política nacional hasta hacer realidad el sintagma de las dos Españas de antaño. El «no es no» de Sánchez, *noismo*, es un vicio político que ha acabado con los consensos básicos que fundamentaron la Transición y la Constitución de 1978. Sánchez necesita de la discordia para mantenerse en el poder, la concordia civil es su peor enemiga y lo dejó bien claro con ocasión de su investidura, cuando afirmó que su misión era levantar un muro infranqueable para que las derechas no pudieran ser alternativa de gobierno. De una tacada, Sánchez estaba condenando al ostracismo político a once millones de españoles que no le habían votado. No cabe mayor maldad política que dividir al *demos*, con el único objetivo de dar cauce a su ambición personal. Se trata de la anti política pura y dura. Es la maldad que inspira y fundamenta al *sanchismo*. La política debe estar al servicio de la concordia, y buscar la discordia para evitar la alternancia política supone prostituir la democracia.

La manipulación, como tercer elemento del *sanchismo*, no es posible sin el recurso al engaño y a la mentira. Según la tercera de las acepciones de la palabra manipulación, esta significa: «intervenir con medios hábiles y, a veces, arteros, en la política, en el mercado, en la información, etc., con distorsión de la verdad o la justicia, y al servicio de intereses particulares». La manipulación es, también, un modo de corrupción. La distorsión de la verdad y la justicia significa corromper la verdad y prevaricar. La prolija enumeración de falsos motivos en el preámbulo de la ley de amnistía, decretada para obtener los siete votos de Junts, es manipular la verdad y la justicia con la única finalidad de lograr ser investido presidente del Consejo de Ministros. Actuar con engaño y mendacidad para alterar la Constitución mediante hechos consumados o colonizando el Tribunal Constitucional, es manipular la Constitución con el único fin de perdurar en el poder. Ocultar, en el programa electoral, al conjunto de la nación e incluso a su propio partido su verdadera intencionalidad política, es una actuación mendaz e injusta. Es manipular.

Estos son los hechos. Estos los frutos que el árbol del *sanchismo* produce y es en virtud de dichos frutos como cabe definir política y éticamente a su líder. No porque lo diga Mateo (7, 16), sino por la coherencia epistémica que emana de los hechos probados. El peor enemigo de Pedro Sánchez es la hemeroteca y la memoria de los españoles, por mucho que la mentira y el engaño se traten de disfrazar como cambios de opinión o mutaciones cronológicas. Los hechos son los que son y los hechos apuntan a un probable trastorno de personalidad narcisista. Es una explicación plausible, porque como escribió Ignacio Varela en el día de la investidura de Pedro Sánchez: «Otras explicaciones posibles escapan del ámbito del análisis político y serían objeto de otras disciplinas»[4].

El objetivo del presente ensayo es el de tratar de comprender por qué ha llegado la democracia española a la actual situación de decadencia y deterioro. Las líneas que anteceden dibujan un panorama sombrío, que las razones políticas no acaban de esclarecer. Desde mi punto de vista, es imposible llegar a comprender lo que ha ocurrido

---

4    ¿Y ahora, qué? Bienvenidos a la Grieta española. (2023, 17 de noviembre). I. Varela. *El confidencial*. https://blogs.elconfidencial.com/espana/una-cierta-mirada/2023-11-17/bienvenidos-grieta-espanola_3775768/

y ocurre en España indagando en la causalidad política, entendiendo por tal la cadena de actos observables desde el análisis político. La historia política es siempre multicausal, pero no todas las causas son detectables desde la mera politología; a veces, se ha de ampliar el foco para abarcar la complejidad de lo que sucede y tratar de entender desde las pasiones humanas aquello que escapa a la razón y al sentido común. La irrupción de Pedro Sánchez en el escenario político español supuso, desde su inicio, una alteración profunda en la lógica política y los usos democráticos. Con Sánchez irrumpió un modo atípico de hacer política, donde primaba lo pasional y visceral sobre lo razonable. Sus compañeros de partido lo advirtieron muy pronto y es por ello que lo apartaron de la secretaría general del PSOE. Pero Sánchez regresó exhibiendo, ya sin disimulo, su verdadera faz. Sánchez es un obseso del poder y supedita a su ambición cuantas leyes, normas y usos se le oponen. Pasa por encima de las personas y de las instituciones con la única finalidad de ostentar el poder.

La ambición y la autoestima son resortes psicológicos necesarios, tanto en la vida como en la política. La ambición desorbitada, sin embargo, no tiene cabida en un régimen democrático sujeto a normas y procedimientos, y suele ser fuente de excesos y decisiones equivocadas. Las razones de una pulsión autárquica o cesarista han de ser buscadas, no en la lógica de la política democrática, sino en el ámbito personal de las pasiones. En el ámbito de la Psicología y, por qué no, en el campo de la mitología. Este ensayo pretende hallar en el mito de Narciso la explicación cabal de lo que ocurre en la política española. El enfoque desde la mitología no pretende ser ni unívoco ni exclusivo, pero constituye un instrumento útil para entender lo que nos ha pasado y está pasando. El drama de España tiene visos de convertirse en tragedia si las pasiones siguen sustituyendo a las razones.

En el primero de los cinco capítulos que componen el presente ensayo se trata de visualizar la deriva iliberal de los Gobiernos de Sánchez, para ello se ha recurrido a una especie de diario político que el autor ha llevado a cabo desde 2016. Algunas de las páginas de dicho diario han visto la luz en las tribunas publicadas en *El Correo* y en *El Diario Vasco*, y han sido retocadas al objeto de este ensayo. Otras páginas, la mayoría, son inéditas. El segundo de los capítulos aborda el tema del narcisismo en la política. El tercer capítulo recoge las semblanzas de algunos líderes políticos contemporáneos, donde puede observarse que Pedro Sánchez no es la excepción. El cuarto se detiene en una exposición detallada y razonada de la personalidad narcisista del presidente Sánchez. Finalmente, el quinto capitulo está dedicado a las heridas narcisistas de las que España se duele.

San Sebastián, 2 de enero de 2024

# — I —
## El ocaso de la democracia española

Está ocurriendo ante nuestros ojos. La democracia española se deteriora y la ciudadanía contempla impotente su deriva desde una democracia plena a otra de carácter iliberal y menguante. Es la democracia que preside Pedro Sánchez Castejón, un líder cuestionado por muchos y aplaudido por otros tantos, en un escenario de bloques y trincheras auspiciado desde las élites políticas.

Pedro Sánchez se ha interesado, reiteradamente, por el juicio que la historia le ha de deparar. Presume de ser el paladín de los derechos sociales y, sobre todo, de los que afectan a las mujeres; también se cree acreedor de un lugar de honor en la historia por sus políticas migratorias, pero es muy posible que el presidente Sánchez pase a la historia como el campeón del *bibloquismo* y de la polarización política. España se encuentra dividida, como jamás lo estuvo desde la época que precedió a la guerra civil. Se trata de una división impostada de manera artificiosa, que tiene por finalidad la perpetuación en el poder del llamado «bloque progresista». El mencionado bloque lo conforman formaciones dispares, y aún contradictorias, cuyo objetivo es impedir la alternancia política, usual en toda democracia que se precie. En el sedicente bloque de progreso se amalgaman formaciones políticas que aspiran a la independencia política de sus respectivas autonomías, partidos antisistema que tiene en el populismo de izquierda su referencia, nostálgicos de distopias fracasadas y grupos, en general, contrarios al consenso político que hizo posible la Constitución de 1978. El baluarte principal del bloque de progreso lo constituye el nuevo PSOE, cuyo líder y secretario general, Pedro Sánchez Castejón, califica reiteradamente en sus memorias (*Manual de resistencia*[5]) de «nuevo». El 'Nuevo PSOE' de Pedro Sánchez se ha convertido en la herramienta necesaria para la instauración del socialpopulismo en España.

Poco a poco, decreto a decreto, mentira tras mentira, relato a relato, se ha ido socavando el espíritu y la letra de nuestra Constitución, de manera que el periodo en el que Pedro Sánchez ha gobernado se ha proclamado como tiempo constituyente, según declaró el ministro de Justicia, Juan Carlos Campo, en el Congreso de los Diputados antes de ser nombrado miembro del Tribunal Constitucional.

España se halla, *de facto*, en un periodo *destituyente* en el que se impone un constructivismo jurídico que depaupera, cuando no vacía, algunos de los contenidos fundamentales de la Constitución de 1978, como son la unidad de la nación o la igualdad de los españoles. La labor de zapa contra el orden constitucional se ha llevado a cabo de espaldas al poder legislativo, obviando al Congreso de los Diputados e ignorando los dictámenes del Consejo de Estado y evitando los cauces normales de la confección de leyes. El abusivo recurso al instrumento del decreto ley se ha utilizado para ningunear el poder legislativo, imponiendo la voluntad arbitraria y discrecional del gobierno de la nación.

España no es, por fortuna, un país totalitario, pero sí posee un acusado sesgo de *totalismo*, según la feliz expresión de Robert Jay Lifton, experto en regímenes totalitarios y autocráticos, que conoce bien la encarnadura política de países como China, Corea del Norte y la Alemania de Hitler.

## LA NORMALIDAD TÓXICA

Creo que fue el historiador Antonio Elorza quien introdujo en España a Robert Jay Filton y su concepto del *totalismo* en su ensayo *La religión política*, que publicó en el año 1995. En dicho ensayo se hacía alusión al término *totalismo* en contraposición al totalitarismo. El concepto de totalitarismo, estudiado entre otros por Hannah Arendt, se refiere al régimen político en que la autocracia se implanta

---

5   *Manual de resistencia.* P. Sánchez. Ediciones Península (2017).

y perdura mediante la violencia explicita; el *totalismo*, por su parte, se refiere al régimen político que implanta su normalidad autocrática valiéndose de métodos no violentos, pero no por ello menos agresivos y contundentes. A la normalidad que preside un régimen totalista, Filton la califica de *malignant normality,* que bien podría traducirse por la castiza expresión de normalidad tóxica.

Robert Jay Filton participó como soldado en la guerra de Corea y al licenciarse se propuso continuar sus investigaciones históricas y psiquiátricas en Asia, donde reparó en el fenómeno de la implantación de una ideología hegemónica en la China de Mao, mediante técnicas de lavado de cerebro y reclusiones en «centros de reeducación». Filton se embarcó también en la averiguación de las consecuencias de la bomba atómica de Hiroshima y, más tarde, entrevistó a los médicos alemanes que trabajaron sobre cobayas humanas en los campos de concentración nazis.

Los médicos nazis actuaban en el marco de la normalidad tóxica implantada por Hitler. Hannah Arendt llegó a conclusiones similares al estudiar el caso del criminal Adolf Eichmann juzgado en Israel. Los médicos y el burócrata Eichmann actuaban en el contexto de una normalidad tóxica que amortiguaba cualquier tipo de reparo moral. Cumplían con sus tareas[6].

En la segunda mitad del pasado siglo son detectables algunas realidades políticas en las que la normalidad tóxica se impuso en toda su crudeza. Todos tenemos en mente la normalidad xenófoba de Sudáfrica, la normalidad populista de algunas repúblicas de América del Sur, la normalidad maligna del franquismo, la normalidad criminal de la Italia mafiosa o, sin ir más lejos, la normalidad tóxica del País Vasco durante la vigencia del terrorismo nacionalista. También en la Europa actual asistimos a brotes de normalidad tóxica en el retroceso democrático de regímenes iliberales en Hungría y Polonia, donde la división de poderes es precaria o la diversidad política es puesta en entredicho.

España está en el punto de mira de instituciones e instancias que evalúan las democracias del mundo y consideran que la democracia

---

6    *Eichmann en Jerusalén, un estudio sobre la banalidad del mal.* H. Arendt. Lumen (2006).

española sufre una deriva descendente, habida cuenta de su extrema polarización, la colonización de las instituciones y el ímpetu de los nacionalismos étnicos. Desgraciadamente, también en España se está entronizando una normalidad tóxica, detectable en anomalías tan estridentes como palmarias. La más grave de todas ellas es el veto moral y político de la izquierda a los partidos conservadores con el fin de perpetuarse en el poder. La alternancia política es denostada e incluso declarada ilegitima. El *bibloquismo* maniqueo, impulsado desde el sedicente bloque progresista, ha impuesto una normalidad tóxica donde la separación de poderes y la ley se consideran extravagancias que chocan con la voluntad del pueblo y donde el Ejecutivo ignora los controles del Parlamento y deslegitima en la práctica las sentencias de la judicatura.

La normalidad tóxica dimana de la cabeza del Ejecutivo que ignora a los demás poderes, subvirtiendo el espíritu y la letra de la Constitución. Robert Jay Lifton se ha dedicado en la última etapa de su vida al análisis del *trumpismo* y sus secuelas tóxicas. *Losing reality* (perdiendo el principio de realidad) es el título de su penúltimo ensayo, y en él se constata la pérdida del sentido de la realidad que predomina en las políticas sectarias. Para los narcisos tóxicos y solipsistas la realidad se reduce a lo que el líder prescribe según su necesidad, con absoluto desprecio a la alteridad y al principio de realidad. Es el líder quien desde su supremacismo narcisista, fija lo que es la realidad de las cosas desde su interés personal, arropado siempre en el falso relato del interés general o del progreso. Quien no asuma la realidad autodesignada por el líder es excluido del bloque de los creyentes. Inmersos en la normalidad tóxica que nos invade, cabe señalar las anomalías que nos acechan y cuestionan.

¿Es normal que el interés personal de uno prevalezca sobre el interés general de toda una nación? O para que se entienda mejor: ¿en que beneficia al interés general el que Pedro Sánchez, y no otro, sea investido presidente? ¿Beneficia, acaso, al interés general de los españoles el hecho de que la gobernabilidad de España dependa de Otegi, Puigdemont y Junqueras? ¿Es moralmente justo y políticamente racional el perpetuar el *bibloquismo* en detrimento de la concordia y de la convivencia? ¿La amnistía y el referéndum inconstitucional que reclama Puigdemont son una moneda justa en pago a la investidura de Sánchez? ¿Es normal que, a pesar de haber perdido las elecciones, Sánchez pretenda ser presidente a expensas de dilapidar la Constitución de todos? La normalidad tóxica trata de ocultar su toxicidad mediante la impostura narcisista del líder. El interés particular del líder, su ambición de poder, prima sobre el interés general en detrimento de la salud democrática de España. En ello consiste el socialpopulismo instituido por P. Sánchez.

## UNA DEMOCRACIA «DEFECTUOSA»

No es que los ingleses nos tengan manía. Se trata, más bien, de la constatación de un fenómeno que los propios españoles veníamos observando: la democracia española se ha degradado hasta convertirse en defectuosa. *Flawed democracy*, lo llaman. La democracia española fue durante un tiempo modelo y asombro de quienes nos observaban, tras la brillante Transición que puso fin al franquismo. Nuestra democracia formaba parte del selecto club de las democracias plenas, pero ahora hemos descendido al grupo de las democracias defectuosas o eso es lo que dice *The Economist Intelligence Unit* (EIU), que examina las democracias que hay en el mundo.

*The Economist* señala tres defectos que denotan la decrepitud de nuestra democracia. El primero sería la excesiva atomización de nuestro sistema representativo; en segundo lugar, estaría la extrema polarización política; y finalmente, la no renovación del Consejo General del Poder Judicial, que no sería sino el corolario político de lo anterior. Con ser obvias las consideraciones del observatorio británico, pienso que no agotan las razones y el origen de la presunta decadencia de nuestra democracia. Para hacer un diagnóstico más pormenorizado, es preciso que nos remontemos a los Gobiernos de Zapatero para hallar el origen del lastimoso estado actual de nuestra democracia.

La extrema polarización de la vida política española se inició en la primera legislatura presidida por Zapatero, que hizo del revisionismo histórico su bandera. Su ley de memoria histórica del año 2007 venía a sepultar el pacto político y moral que hizo posible el tránsito desde el franquismo a la democracia plena. El espíritu de aquella ley se había estrenado en el Pacto del Tinell, suscrito cuatro años antes, que demonizaba a la derecha representada por el PP.

El posterior proyecto de ley de Memoria Democrática de Sánchez culmina el camino iniciado por Zapatero y representa la reiteración del ánimo polarizador que ataca las bases de nuestra Transición, así como los cimientos del pacto constitucional.

En el bloque que sostiene al actual Gobierno coexisten fuerzas que, si no antagónicas, sí resultan ser tóxicas para la gobernanza democrática y el desempeño de la política como artífice del bien común y del interés general. En la «dirección del Estado» conviven grupos que buscan expresamente la desmembración de España junto a quienes dicen estar solo interesados en la liberación de sus presos condenados por terrorismo, amén de los nostálgicos que buscan restaurar lo peor de los regímenes comunistas.

Por acción u omisión, el PSOE, rehén de sus aliados y dirigido con mano férrea por un obseso del poder personal, es el principal artífice del declive democrático que padecemos. Es Pedro Sánchez quien a golpe de decreto paralizó el país durante meses y cerró el Parlamento con siete llaves arrogándose la función legislativa, al tiempo que arremetía contra el poder judicial, revocando de facto sus sentencias y erosionando las funciones del rey. Es con Sánchez con quien se ha demediado nuestra democracia.

Es en esta circunstancia de gobierno débil y sometido a continuo chantaje, sustentado por fuerzas antagónicas a la democracia liberal, donde se plantea la cuestión de hasta qué punto son esas fuerzas iliberales las que han provocado el grave deterioro de nuestra democracia o es, acaso, quien preside el Gobierno el que por su personalidad autoritaria nos ha llevado a la actual situación. La historia es obra de las condiciones objetivas en las que se desarrolla, pero es también el resultado de los liderazgos tóxicos o no. Cuando Pedro Sánchez fue, en su día, desalojado de la secretaría general del PSOE, lo fue porque sus compañeros juzgaron tóxicas sus pretensiones. Regresó a hombros de su despacho para arrasar a quienes lo habían apeado del poder y para llevar a cabo sus personales designios. Son aquellos designios y su autocrática gobernanza los que han provocado el que nuestra democracia se haya devaluado.

ERC gobierna en Cataluña con un proyecto de país que ha supuesto un importante decrecimiento de su economía y la quiebra política de su ciudadanía; Bildu, por su parte, es la formación que aún se pavonea de haber sostenido y aplaudido la comisión de crímenes que, según la Unión Europea, merecen el calificativo de lesa humanidad. Ambas formaciones jamás aprobarían el canon democrático de las naciones de nuestro entorno, pero aquí en España están en la «dirección del Estado», porque sin su apoyo el presidente no duraría un día más en la Moncloa. No es de extrañar que desde Reino Unido nos miren alucinados. Algún día se estudiará en los libros de Historia lo que el *sanchismo* supuso para España, que consistió en un híbrido entre el bonapartismo y el cesarismo, con algunos toques goyescos y castizos. Mercancía averiada, en suma. Todo ello muy progresista, eso sí. Una *democradura* en toda regla.

## LA *DEMOCRADURA* DE SÁNCHEZ

Ninguna democracia es plena y totalmente perfecta, pero desde que Pedro Sánchez accedió a la presidencia del Gobierno, se han sucedido diversas actuaciones que han contribuido al deterioro de nuestras instituciones democráticas, así como a la calidad de nuestra gobernanza.

Cuando en su libro *Cómo mueren las democracias*, Steven Levitsky y Daniel Ziblatt escribieron que: «Las democracias pueden morir no a manos de los generales, sino de líderes elegidos, presidentes o primeros ministros que subvierten el propio proceso que los llevó al poder»[7], los autores estaban pensando en Donald Trump y otros autócratas de su calaña. Por supuesto que no pensaban en Pedro Sánchez, ni España se encontraba entre las democracias deficientes. En tan solo cuatro años, sin embargo, existen trazas de que nuestra democracia está derivando hacia una *democradura*.

Dicho término obedece a la mezcla de las palabras democracia y dictadura, y denota una figura política híbrida que posee rasgos autoritarios junto a unos usos formalmente democráticos. El término *democradura* se canonizó en el año 1986 en la obra *Transition from Autoritarian Rule* (U. P. Baltimore) escrito bajo los auspicios de G. O'Donnell, Ph. Schmitter y L. Whitehead. En Francia se usó con profusión en los años 90 del siglo pasado y en España lo utilizó

---

7    *Cómo mueren las democracias*. S. Levitsky y D. Ziblatt. Editorial Ariel (2018).

E. Galeano a quien algunos han atribuido falsamente su paternidad. Sea como fuere, el término *democradura* conviene perfectamente a esa híbrida realidad política que obedece al nombre de *sanchismo*. En Europa existen precedentes de dicha formación híbrida que Anne Applebaum ha descrito con rigor en su libro *El ocaso de la democracia*, centrado en las políticas autoritarias de Hungría y Polonia. El Larousse define a la *democradura* como el régimen político que, aun teniendo atributos de la democracia como el pluripartidismo es, no obstante, dirigido de manera autoritaria, es decir, dictatorial.

Asignar el nombre de *democradura* al vigente *sanchismo* que nos gobierna no deja de ser un ejercicio no exento de riesgo, por cuanto que su principal actor y protagonista alardea precisamente de ser el campeón de la democracia. No en vano, cuando Sánchez alcanzó la presidencia del Gobierno en la moción censura de junio de 2018 lo hizo para «restaurar la democracia expropiada por los mangantes», pero muy pronto apuntó maneras autoritarias que se fueron acentuando a medida que avanzaba en su mandato. La precaria mayoría de su grupo parlamentario lo impulsó a buscar cobijo en todas las fuerzas políticas que se situaban en el extrarradio del pacto constitucional en el que se asienta nuestra Constitución. Secesionistas y populistas de izquierda ejercieron desde el primer momento una influencia nociva para la estabilidad de su gobierno, lo que fue derivando hacia una gobernanza de tipo personal y autoritario. Las constantes cesiones para mantenerse en el poder han provocado la usura de nuestras instituciones democráticas, donde la división de poderes es el principal afectado.

Pedro Sánchez ha legislado de espaldas al Parlamento a fuerza de innumerables decretos leyes, contraviniendo los usos democráticos y sustituyendo *de facto* la función legislativa del Congreso, al que en dos ocasiones condenó al mutismo mediante sendos decretos que el Tribunal Constitucional no tardó en considerar ilegales. Tras la censura del alto tribunal, Sánchez continuó con labor de acoso y derribo del poder judicial, provocando el colapso del Consejo General del Poder Judicial y despreciando las sentencias del Tribunal Supremo con su política de indultos a los condenados por sedición y actos contra la unidad territorial de España, al tiempo que colonizaba la Fiscalía y la abogacía del Estado, siempre con la prioridad de conservar su poder personal. Un poder personal que exhibió con el brusco cambio de la política exterior en el caso del Sahara sin previa consulta al Parlamento, al Consejo de Ministros o a su propio partido. Partido instrumentado al servicio de su poder personal y absoluto al neutralizar sus órganos de control.

En el debate entre Sánchez y Feijóo en el Senado, en el que nuestro presidente hizo gala de su enfermizo supremacismo, Feijóo puso en duda el carácter socialdemócrata de Sánchez y sus políticas, lo que provocó el enfado airado del interesado al ser puesto en tela de juicio su estirpe política, pero lo cierto es que en el entorno socialdemócrata de Europa es imposible encontrar una coalición de gobierno sustentada en quienes buscan precisamente la ruina de la democracia liberal y del Estado de derecho.

Algún día los historiadores juzgarán la época de los Gobiernos de Pedro Sánchez, y es muy posible que tengan que recurrir a neologismos como *democradura* o *socialpopulismo* para identificar su peculiar signo político, pero es seguro que sobre su ejecutoria arrojarán un juicio negativo en tanto que su prioridad fue y será la construcción del «enemigo» en clave de Carl Schmmit y Laclau, ciertamente alejados del modelo socialdemócrata. La construcción del enemigo en oposición al bloque «progresista» no será, sin embargo, ni novedoso ni inocuo, ya que remite directamente al Frente Popular de 1936.

## *EL ESPÍRITU DE LAS LEYES* Y EL «GOBIERNO DE LA GENTE»

Cuando Montesquieu publicó en el año 1748 su *Espíritu de las leyes*, se inspiró en la monarquía inglesa, donde el soberano reinaba sometido a las leyes que el Parlamento construía. La monarquía constitucional gozaba de las preferencias de Montesquieu y le sirvió de modelo para su teoría de la separación de poderes como fundamento del régimen democrático. Según Montesquieu, los poderes ejecutivo, legislativo y judicial no deben concentrarse en las mismas manos. Se trata de la teoría de contrapesos, donde cada poder se hace valer equilibrando a los otros.

En el Parlamento se han oído voces que predican que no existe nada por encima de la voluntad de pueblo y que las leyes se han de conformar a lo que la «gente» o el pueblo decidan. Es el viejo axioma de Carl Schmitt en el que basaba su teoría del decisionismo, que le llevó a justificar el acceso de Hitler al poder. En la irrupción del populismo que está erosionando las democracias liberales de América y Europa tiene mucho que ver la prevalencia del pensamiento de Carl Schmitt sobre el de Kelsen. En este sentido, viene a cuento la referencia al deslumbrante ensayo de Josu de Miguel Bárcena y Javier Tajadura Tejada que, en su libro *Kelsen versus Schmitt. Política y derecho en la crisis del constitucionalismo* realizan un acertado diagnóstico de los males que aquejan a nuestra vapuleada democracia[8]. La doctrina de Schmitt hizo furor con ocasión del proceso catalán del año 2017 para justificar la desanexión de España, y estamos observando su vigencia en algunas prédicas de Unidas Podemos y en boca de algunos portavoces del «gobierno de la gente».

La ley, en democracia, está por encima de la decisión, la oportunidad o las prisas de quien gobierna y debe regir en cada acto del gobierno democrático. La ley, por supuesto, no es otra que la que se condensa en nuestra Constitución a la que se someten nuestros gobernantes para acatarla en su letra y en su espíritu. El espíritu de la ley, según Montesquieu, reside en sus razones y se equipara con la virtud política de la que es expresión. Reflexionando sobre las razones y la virtud de nuestra Constitución, son de destacar los siguientes principios que lo fundamentan: destaca en primer lugar la proclamación del Estado de derecho junto a la soberanía nacional y la unidad territorial que hacen posible la igualdad de todos los ciudadanos, así como su libertad y solidaridad. La voluntad de consenso es otro de sus principios. Es este el Espíritu, con mayúscula, que debe presidir la acción del Gobierno, del Parlamento y de la judicatura. En ello consiste la virtud política de nuestra democracia que, desgraciadamente, hemos visto vulnerada por parte del Gobierno en su acelerada deriva inconstitucional, convirtiendo a la ley en objeto de apresurado manoseo y trapicheo sin otra finalidad que la preservación de un poder personal.

Max Scheler, refiriéndose a la crisis moral y política de entreguerras que sumió a Europa en el mayor de los quebrantos, afirmaba

---

8    *Kelsen versus Schmitt: Política y derecho en la crisis del constitucionalismo.* J. de Miguel Bárcena y J. Tajadura Tejada. Escolar y Mayo (2022).

que en el «estado de mendacidad, las mentiras se convertían en verdades sin causar sonrojo ni mala conciencia»[9].

Los españoles, por lo visto, debemos estar inmersos en el estado de mendacidad y la mala fe a juzgar por los propósitos que vierten nuestros gobernantes. Se justifica el pago de facturas políticas y judiciales, aludiendo a una hipotética y mendaz mejora (desinflamación) de la situación política en Cataluña, negando la evidencia de que en Cataluña han desaparecido tanto el Estado de derecho como el imperio de la ley que nos hace iguales. Agasajar, contentar y estimular a quienes tienen por objeto primordial el volver a repetir una asonada contra un Estado de derecho inerme no es solo una necia mendacidad, sino la expresión evidente de la mala fe.

El déspota trata de poner la ley a su servicio.

Quienes mediante trucos procedimentales o artimañas torticeras tratan de burlar la letra y el espíritu de nuestra ley, mediante el recurso al relato mendaz y a la sustitución de la virtud política por la propaganda, podrían pasar a la historia como advenedizos sin escrúpulos.

## GENTE, PUEBLO Y CIUDADANÍA

El engreimiento elitista de quienes apelan a la gente como único interlocutor de sus proclamas políticas dice mucho de su escasa cultura democrática y desvela un talante que algunos han llamado populista y sería preferible calificarlo de demagogia. La demagogia, ya se sabe, consiste en utilizar la propaganda para apelar a prejuicios, emociones, miedos y esperanzas del público para ganar su apoyo. En el arte de la demagogia prevalece la imagen sobre la idea y la apariencia sobre la verdad. Si Maquiavelo reviviera, pondría sus ojos en la mercadotecnia como el mejor método para ayudar al príncipe. Quienes apelan a la gente sin distinción de su condición social, política o ideológica pretenden hacernos creer en la nefasta utopía del conductor del pueblo que dice conocer su realidad y promete satisfacer sus necesidades. Para el caudillo, *duce* o *führer* el común de los mortales formamos parte de la gente.

---

9    *El resentimiento en la moral*, Max Scheler, 1933, p. 75.

Ellos no. Ellos se consideran otra cosa. Se consideran aristocracia. Ungidos por la autopercepción de saberse superiores, piensan que nosotros, la gente, necesitamos que nos alumbren con su luz. Se trata del viejo paternalismo, revestido ahora con los ropajes de la progresía adolescente. Algunos son jóvenes y otros no tanto, pero todos participan de la pubertad *adanista* de saberse destinados a cambiar el mundo.

La humanidad ha recorrido un largo trecho hasta que la persona humana emergiera como entidad autónoma. Ha costado muchas guerras y desastres alcanzar la evidencia de que cada persona es alguien libre y responsable de su destino. La religión, las monarquías y los jerarcas de toda índole se han empeñado durante siglos en mantener al hombre sujeto a su voluntad de poder, hasta que un día, no más lejos que hace un par de siglos, el hombre se alzó contra las tiranías de aquí y del más allá para proclamar su libre dignidad. Fue el momento de la solemne Declaración de los Derechos del Hombre. Fue el inicio de las democracias parlamentarias. El ser humano, la persona, el ciudadano se erigió desde entonces en la norma inspiradora de todas las regulaciones políticas. Luego llegaron Marx y sus seguidores posponiendo la realización personal al logro de la liberación colectiva, que supuso un paso atrás en la historia. La sociedad democrática se ha consolidado gracias al impulso de los valores de la Ilustración y en pugna con los contravalores del colectivismo. Ha costado un ingente esfuerzo la decantación de los derechos de la persona por encima de los colectivos, aunque todavía, hoy, existen quienes los postergan en nombre de la nación, del pueblo, de la etnia o de la gente.

Las categorías de gente y de pueblo son apelativos premodernos y predemocráticos que nos remiten a tiempos en los que la persona humana carecía de derechos políticos y estos eran suplantados por los deberes del vasallaje. La democracia parlamentaria se basa en el principio de una persona, un voto, y en la delegación del poder a los electos que nos representan en el Parlamento. En la democracia parlamentaria dejamos de ser gente y pueblo para convertirnos en ciudadanía.

La esclerosis del sistema democrático que actualmente padecemos en España ha hecho emerger toda una serie de salvadores que pretenden, escudándose en la gente, arreglar el desaguisado que la crisis económica ha originado en las democracias europeas. La corrupción política y la instrumentalización de las instituciones son los graves síntomas que denotan un mal de fondo, que ya en otras ocasiones ha surgido en Europa de manera recurrente. El mal que aqueja a nuestra democracia no es otro que el de la ausencia de un norte político capaz de inspirar ilusión y esperanza en el devenir de nuestras sociedades. Algunos lo llaman ausencia de valores, otros carencia de sentido, pero es evidente que nuestras sociedades democráticas adolecen de la falta de algo inmaterial y sutil que, tal vez, no sea otra cosa que el solapamiento de la dignidad de la persona humana, a expensas de su valor tanto político como económico. En la ideología posliberal, una persona no es considerada por sí misma sino por lo que vale. Aquella *polis* de los griegos, que era plaza y foro, se ha convertido en un zoco o mercado en manos de desaprensivos mercaderes que comercian con todo cuanto existe, incluso con la «gente».

El penúltimo salvador de esta desvencijada y vapuleada democracia nuestra ha proclamado que su intención es «romper las relaciones institucionales entre los gobernantes y la gente» y nos preguntamos qué es lo que quedará cuando dichas relaciones se rompan. Las instituciones democráticas son la salvaguarda de los derechos de todos. Esos derechos que los demagogos y populistas pretenden reasignar a golpe de constituciones *ad hoc*. Vimos cómo funcionó en los paraísos socialistas y lo estamos contemplando en los vergeles políticos de Venezuela, Ecuador, Nicaragua y Bolivia.

La derecha y la izquierda política son una realidad relacional desde que se instauró la Asamblea Nacional en el viejo frontón de Versalles. Es una forma azarosa pero eficaz de escenificar el juego democrático. Quienes ahora pretenden apelar directamente a la gente soslayan la existencia de los partidos de «la casta», que contribuyen, aunque de modo imperfecto, al juego político y pretenden erigirse en los únicos portavoces de la gente o no dudan para ello en fagocitar a un partido para convertirlo en instrumento eficaz y unánime para acceder al poder personal.

Los vascos tenemos las posaderas peladas frente a quienes durante decenios se arrogaron la representación del «pueblo vasco» para someterlo a su particular infierno político. Lo que aquí aconteció debiera servir de antídoto, frente a quienes pretenden «romper las relaciones institucionales» para imponernos su paternal salvación. La democracia nos convirtió en ciudadanos y ahora quieren convertirnos en gente. Se trata, sin duda, de una regresión. Una involución reaccionaria.

## ¿EXISTE LA IZQUIERDA ESPAÑOLA?

El filósofo y sociólogo Félix Ovejero ha declarado en una entrevista que «la izquierda ha desaparecido en España». Es una frase redonda, expeditiva y, acaso, provocativa, pero Félix Ovejero es un brillante pensador que no suele arriesgar afirmaciones demagógicas y rehúye de los excesos retóricos; por ello su afirmación induce a buscar las razones que subyacen en su aserto, que niega la existencia de una izquierda política en España. Sorprenden las palabras de Félix Ovejero por cuanto que constatamos en España la presencia de diversas formaciones políticas que se autoproclaman como de izquierda. El PSOE, Podemos, IU, ERC y EH Bildu se consideran a sí mismas como fuerzas que configuran el espacio político de la izquierda e incluso predican ser de izquierdas en sus siglas. Ante esta evidencia del nomenclátor político español, ¿cómo puede Félix Ovejero afirmar la inexistencia de una izquierda en España? En la entrevista que comentamos, Ovejero añadía a continuación de su dictamen la constatación de la desnaturalización de la izquierda española, al sustentar políticas que se hallan en contradicción con el paradigma histórico de la izquierda política europea. Según Félix Ovejero, las autoproclamadas formaciones de la izquierda española han mutado al suscribir los relatos y los marcos ideológicos del populismo y del nacionalismo secesionista que forman parte de la actual mayoría gubernamental.

Pertenecen al SIGLO XIX las grandes ideologías que han configurado el horizonte político de la modernidad. El liberalismo, el socialismo y el romanticismo constituyen las tres grandes familias ideológicas que han inspirado la historia política de occidente. El liberalismo, tanto en su vertiente política como económica, constituye el paradigma triunfador frente a los fracasos cosechados por las ideologías inspiradas por el socialismo y el romanticismo. Se suele reducir al socialismo y al liberalismo la lucha ideológica de la modernidad, olvidando el tercer marco de pensamiento que constituye el romanticismo. Isaiah Berlin, sin embargo, reparó en la importancia del romanticismo en el devenir de la historia de la política europea. El romanticismo se halla en el origen de no pocas hibridaciones políticas y culturales de la modernidad, y no es posible entender sin su concurso el fenómeno actual del populismo y de las derivas identitarias que han contaminado a las autoproclamadas formaciones de izquierda. El nacional socialismo alemán, por ejemplo, fue una hibridación tóxica del socialismo y del romanticismo. El fascismo italiano es otra muestra de esta hibridación.

Son dos las principales aportaciones del romanticismo a las actuales políticas de signo progresista; la primera de ellas es el triunfo de la sentimentalidad frente a la razón, y la segunda es el auge de lo identitario, al ser los nacionalismos el principal paradigma de lo identitario. Nada se entiende de las políticas llamadas progresistas si no tenemos en consideración la primacía del sentimiento y de la voluntad frente a la razón. El decisionismo político, que reivindica la voluntad de poder y el sentimiento sobre la ley, es la plasmación de dicha primacía.

La actual mayoría política amalgamada en torno a la figura de Pedro Sánchez está lejos de encarnar los valores culturales y políticos del paradigma histórico de la izquierda, al haber hecho suyos los postulados del nacionalismo secesionista, el feminismo *queer*, la ecología como marco de pensamiento trascendente, el adanismo como paradigma temporal y el sectarismo político como *pathos* de conducta. Según palabras de Pedro Sánchez, el partido socialista es una formación «feminista y ecologista», toda una constatación del travestismo político. Tiene razón Ovejero cuando afirma la inexistencia de la izquierda en España, ya que esta ha mutado para convertirse en una ensoñación romántica del progreso como nueva religión civil. Una religión que contraviene al pretendido laicismo de las antiguas formaciones de izquierda. El triunfo del sentimiento frente a la razón y el personalismo cesarista de su dirigencia constituyen el basamento de esta nueva iglesia que nos considera creyentes o descreídos antes que ciudadanos. La izquierda ha desaparecido al amortizarse la razón, la igualdad, la libertad y el esfuerzo que siempre figuraron en el blasón de la izquierda política. Todo fluye y todo se mueve (a peor) en esta deriva reaccionaria de la izquierda. Existió en España una izquierda racional y razonable capaz de articular un proyecto de país donde la libertad, la igualdad y la fraternidad eran los valores de referencia, pero en esta España donde priva el estado de mendacidad y la voluntad del poder despótico, el *identitarismo* ha sustituido a la igualdad, la voluntad de poder ha erosionado a la fraternidad y la emoción y el sentimiento suplen a la razón. Esta extraña izquierda es la que pretende estabular al rebaño en que nos hemos convertido, mediante leyes que otorga plenos poderes al césar que ya nos gobierna.

## LA ENFERMEDAD SENIL DEL SOCIALISMO

¿Por qué se ha hundido la izquierda en Francia? ¿Por qué los obreros votan a Vox? La respuesta tal vez esté en la mudanza izquierdista, pero reaccionaria, de las banderas de la igualdad por las de la identidad virtuosa y distinta. Hace algo más de un siglo (1920), Lenin escribió su famoso ensayo titulado *La enfermedad infantil del izquierdismo en el comunismo*, donde criticaba a los partidos comunistas de Alemania e Inglaterra por negarse a articular pactos con los partidos reformistas. Hoy sabemos que la enfermedad que acabó con el comunismo no fue el izquierdismo, sino el totalitarismo que hizo imposible cualquier progreso humano en libertad. Curiosamente, la acusación de izquierdismo que Lenin achacaba a los comunistas alemanes e ingleses podría hoy convenir a algunos partidos socialistas europeos y, en especial, al partido socialista español. De las dos almas que siempre alentaron en el PSOE, el de Largo Caballero y el de Prieto, Sánchez representa la radicalidad de Largo Caballero, el «Lenin español». Su querencia por la coalición con la extrema izquierda denota un izquierdismo que, sin embargo, no cabe calificar de infantil sino senil. La senilidad del socialismo español es detectable por su fascinación por el *identitarismo*. Sentirse «progresista» perteneciendo al lado correcto de la historia y odiando a quienes contradigan los nuevos dogmas, confiere identidad. Por ello se sobreactúa acentuando el perfil del enemigo, que es el referente necesario para crear la propia identidad: «odio a la derecha, luego soy progresista». Es este el axioma medular del progresismo y principal impulsor del *sanchismo*. Una emoción que suplanta a la razón.

Cuando hace tres décadas el comunismo comenzó a implosionar con la caída del Muro de Berlín, los partidos de signo socialista comenzaron a entrar en crisis, huérfanos de un modelo político al que referirse, aunque fuera para criticarlo. Por otra parte, el modelo socialdemócrata de la sociedad del bienestar fue fagocitado por el conjunto de los partidos europeos, que incorporaron el modelo a sus programas. La socialdemocracia murió de éxito, al tiempo que los partidos de signo socialista se quedaron sin la razón de ser que los había impulsado tras la Segunda Guerra Mundial. De los rescoldos del Mayo del 68 y de la nueva cultura identitaria surgida en las universidades estadounidenses, los partidos socialistas de Europa subrogaron el *identitarismo* como eje de sus programas políticos. Cambiaron la idea de la igualdad por la de la identidad diferencial y la defensa de las minorías sexuales y étnicas. El lema de «libres e iguales» había mutado a «libres pero distintos». El PSOE, Partido Socialista Obrero Español, pasó a ser el partido del feminismo, del ecologismo y del progresismo en general. Los partidos socialistas han cambiado de bandera y han abandonado la causa de la igualdad por la de la identidad. El *identitarismo* se ha convertido en la enfermedad senil del socialismo.

La líquida e indefinible composición del «progresismo», del que se reclama líder nuestro presidente del Gobierno, ha pasado a sustituir al acervo histórico del PSOE. Los valores del consenso, la libertad y la solidaridad que constituyeron la columna vertebral de la Transición y del partido socialista que lo hizo posible, han sido suplantados por la identidad partidaria, el disenso cultural y el autoritarismo político y moral. La especial configuración política de la España actual se caracteriza por la extrema polarización de los partidos políticos. Polarización que en buena medida ha sido provocada por un socialismo carente de una mejor causa. Del mismo modo que Mitterrand fue el impulsor de una derecha extrema en Francia, aquí en España fue Zapatero quien comenzó a profundizar la brecha entre los partidos y a dar pábulo a los nacionalismos identitarios, cebando con ello la radicalización de una parte de la derecha conservadora. Vox es el resultado de la deriva polarizadora del socialismo posterior a Felipe González, y Sánchez se ha empeñado en la tarea, abundando en la maniquea dicotomía entre amigo/enemigo.

El afán identitario del socialismo español se evidencia cuando observamos su empeño en cavar trincheras políticas, allí donde no las hubo o fueron felizmente superadas en la Transición. La utilización de la momia de Franco o la abusiva ideologización de nuestra historia reciente, son elementos tendentes a la afirmación identitaria de un «nosotros» progresista y virtuoso, que otorga una virtual superioridad y legitimación política. «Ser de izquierdas» o «ser progresista» se convierten así en nuevas y eficaces identidades basadas en la emoción y el sentimiento de pertenencia. Esta propensión a la emotividad más primaria se halla en el origen del «no es no» que dinamita cualquier posibilidad de colaboración y consenso democráticos.

El *identitarismo* «progresista» se revela hoy como la enfermedad senil del socialismo que impide el debate racional y los acuerdos razonables. Anteponer la falsaria identidad a la razón política es la clave que explica la deriva reaccionaria de una izquierda sin otro afán ni mensaje que la preservación de un «nosotros» emocionante, pero senil.

## TOPOGRAFÍA POLÍTICA Y GUERRA CIVIL

La Topografía es una ciencia cuya invención se atribuye a los egipcios, y en su virtud la Tierra, que es redonda, es representada como plana. Es una ficción, pero es una ficción útil. Sin embargo, cuando la política se convierte en topografía, la ficción se utiliza para enmascarar la realidad. Reducir la complejidad de las opciones políticas al binomio de derecha e izquierda supone una ficción interesada que falsea el escenario político. A las elecciones concurren, como poco, cinco opciones de ámbito nacional, pero alguien ha decidido que se trata de una elección binaria; se trata de elegir entre la derecha y la izquierda, entre el fascismo y el progreso. La campaña electoral se ha convertido en un remedo del campo batalla.

La redefinición del espacio político en dos bloques antagónicos supone reducir la complejidad social y política de España a un esquema topográfico. Esta reducción de la política a la topografía tiene la indudable ventaja de simplificar los discursos ideológicos, e incluso, de sustituirlos. Ya no es preciso perderse en disquisiciones y argumentaciones, ya que basta con el trazo grueso que lo reduce todo a un esquema tan simple como engañoso. Los matices se pierden, el raciocinio sobra y el discurso político es sustituido por el tuit y la argumentación por emoticonos. Todo es más simple y más sencillo, basta con pertenecer a uno de los dos espacios topográficos.

El origen de la topografía política se halla en la asamblea constituyente que se formó en la etapa inmediatamente posterior a la Revolución francesa. Los representantes del pueblo soberano que se sentaban a la derecha de la presidencia era los girondinos y quienes lo hacían a su izquierda eran los jacobinos. Los girondinos eran moderados y preferían una Francia descentralizada, mientras que los jacobinos eran radicales y amantes de una Francia rígidamente centralizada.

La izquierda política siempre se ha considerado heredera de los jacobinos, pero, al menos en España, las cosas han cambiado. La izquierda defiende ahora la descentralización y habla de la nación de naciones, mientras la derecha aboga por la recentralización. Los jacobinos pensaban que la revolución debía suprimir, no solo la sociedad estamental sino, también, los privilegios de todo tipo que se escondían tras la diversidad regional. Mismos derechos e idénticas obligaciones para todos los ciudadanos fue la enseña de la izquierda jacobina, que hoy es contestada por sus herederos.

La izquierda española es partidaria, no solo de una descentralización territorial, sino que admite, además, una asimetría entre los diversos territorios que conforman España. En este sentido, podría afirmarse que la izquierda española se ha hecho *filonacionalista* al suscribir parte del discurso nacionalista y dar por buenas algunas de las pretensiones de los nacionalismos vasco y catalán. La inmersión lingüística, por ejemplo, se ha convertido en una reivindicación para la izquierda. Esta posición de la izquierda española contrasta poderosamente con la tradición jacobina y tiene seguramente mucho que ver con la mudanza ideológica operada en su seno.

La mudanza tiene nombre de identidad, y es que la izquierda que antes batallaba por la igualdad de todos ha sido seducida por el valor de la diferencia y la defensa de las identidades, aun a costa de la igualdad de todos. Los antiguos jacobinos han sido seducidos por movimientos como el feminismo radical, el ecologismo o el animalismo que, siendo todas ellas ideologías de gran mérito, sin embargo, se centran en procurar identidad y visibilidad a determinadas minorías. La igualdad de todos ha decaído frente a la mayor y mejor identidad de algunos.

La invención de la política topográfica favorece la ilusión bélica de la sociedad dividida entre amigos y enemigos, tan propia del populismo y tan apreciada por Carl Schmitt. La lúcida apreciación de Klausewitz, que afirmaba que la guerra es la continuación de la política por otros medios, podría hoy reformularse en el sentido de que la política es la continuación de la guerra por otros medios. En esta política (como en la guerra) solo hay dos bandos, el de la derecha y el de la izquierda. Así lo constató el antropólogo donostiarra Mikel Azurmendi, quien poco antes de fallecer afirmó que la actual situación política española es «una guerra civil por otros medios».

## SOCIALPOPULISMO E IDENTIDAD

Con la irrupción de los populismos de derechas e izquierdas en Europa y en el mundo, la identidad grupal ha pasado a figurar en la primera línea de las reivindicaciones políticas. En periodos de crisis y cambios acelerados los individuos tendemos a cobijarnos en la tribu que nos protege de la dura intemperie. La «modernidad liquida», que caracterizó el sociólogo Zygmunt Bauman, tiende a buscar corporeidad y consistencia en la identidad grupal. Es un mecanismo tan ancestral como el hombre, y el reagrupamiento tiene la virtud de confirmarnos en nuestra particular y grupal identidad. Los nacionalismos constituyen ejemplos palmarios de *identitarismo* grupal, pero la inercia identitaria se extiende, ahora, también a los partidos políticos. La globalización de nuestro mundo y la creciente aceleración de los cambios culturales ha homogeneizado los programas y las iniciativas políticas de los partidos. La derecha y la izquierda de antaño comparten muchas de las iniciativas programáticas y su margen de actuación se ha achicado en virtud de las soberanías compartidas. El socialismo y el comunismo surgieron como alternativas globales al capitalismo, pero la caída del Muro de Berlín, que visualizó el triunfo del capitalismo sobre el modo de producción comunista, colapsó las posibles alternativas al capitalismo, y la socialdemocracia tan solo puede aspirar a regularlo. A falta de una virtual alternativa al capitalismo, la izquierda europea se ha encerrado en sí misma tratando de suplir la economía por la cultura y la moral. Con la llegada de Pedro Sánchez al Gobierno de España, hemos asistido a la eclosión de la moral como instrumento político y al agrupamiento identitario de la izquierda, envuelta en la bandera ética. El actual presidente obtuvo el poder de la mano de un discurso moralizante que priorizó terminar con la corrupción por imperativo ético; aquel discurso que le supuso el acceso a la Moncloa, hoy se ha vuelto contra él al quedar al descubierto la vacuidad de su retórica.

Tras la muerte de Franco, el PSOE era un partido sin apenas militantes ni cuadros, pero el gran acierto de Felipe González consistió en definir al socialismo español como un lugar de encuentro de todos aquellos que deseaban una España más justa y democrática sin Franco. Felipe González renunció al marxismo con el ánimo de abarcar a una mayoría de ciudadanos, y con ello admitió la carencia de una alternativa al modelo capitalista de desarrollo. La identidad del PSOE de la Transición era tan difusa como comprensiva, pero acertó a formular las ideas de la democracia, la modernidad y el progreso que significaron su triunfo electoral de 1982. Durante doce años, el PSOE se identificó con la reinstauración de la democracia, la modernización de España y el reformismo sensato y prudente. Ocupó el centro político y amplió las bases históricas del socialismo español. Luego vino la alternancia, y el centro derecha español tomó las riendas de España. Nunca fue una luna de miel, pero la derecha y la izquierda españolas fueron fieles a la inspiración del código de conducta que inspiró nuestra Constitución.

El PSOE de Zapatero tampoco era marxista y carecía de alternativa económica al capitalismo, pero trató de buscar una nueva identidad política recurriendo a una memoria histórica donde los agravios del pasado y el revanchismo político primaban.

Sánchez pretende abrir una nueva época y perfilar su identidad abanderando el feminismo, el ecologismo o el buenismo de *marketing* y, sobre todo, crear un enemigo que le confiera una identidad antagónica. Un enemigo que no es otro que la derecha, «extrema» por supuesto. Es la identidad reactiva de quienes se creen moral y éticamente superiores. Es el regreso de la política gestual y el tacticismo de un telediario a otro, adobado con la defensa de las minorías de toda índole, entre ellas las minorías secesionistas de Cataluña o Euskadi. El socialpopulismo identitario de Sánchez nada tiene que ver con aquel socialismo de la Transición que fue capaz de dar la vuelta al calcetín franquista, renunciando al izquierdismo infantil y asumiendo la democrática rivalidad del centro derecha español. Para Sánchez y sus circunstanciales amigos, la derecha ya no es el oponente sino el enemigo, como lo es todo aquel que disienta de los modos y maneras de la «nueva época». El sectarismo y el halago a las minorías son las nuevas señas del socialismo identitario, que confiere identidad a sus fieles, pero ya no sirve para cambiar el mundo asumiendo su globalidad. Solo sirve para durar en el equilibrio inestable de un poder logrado por azar.

## LA MUTACIÓN DE LOS JACOBINOS

El régimen monárquico anterior a la Revolución francesa se regía mediante un sistema centralizado que, no obstante, admitía no pocos privilegios de la nobleza e incluso avalaba algún tipo de autogestión de las regiones mediante el ejercicio de sus fueros. La revolución abolió todo tipo de privilegios y pretendió reforzar la igualdad, la unidad y la libertad por encima de los usos y costumbres propios del Antiguo régimen.

Tanto jacobinos como girondinos compartían el lema de la igualdad y la libertad de los ciudadanos, pero diferían en el tema de la centralización republicana, que siendo primordial para los jacobinos no lo era tanto para los girondinos. El centralismo político junto al carácter militante de sus convicciones, pasaron a ser las principales características del credo jacobino, que implantaron mediante el ejercicio del terror. Para los jacobinos, la unidad nacional era una de las principales virtudes del republicanismo. Durante todo el SIGLO XIX e incluso durante gran parte SIGLO XX se llegó a identificar el jacobinismo con ser de izquierdas. Siguiendo el modelo jacobino, las izquierdas siempre defendieron el centralismo del Estado en quien veían al garante de la voluntad general. Una voluntad general, según Rousseau, que no consistía en la suma de las partes, sino que es producto del interés común. Para los jacobinos, el Estado era el garante del bien común y es por ello fundamental la obediencia a la Constitución y a las leyes. Es desde esta concepción del Estado de donde surge la exaltación de la nación concebida como una unidad indivisible. En el ánimo del centralismo republicano de los jacobinos, el territorio era indivisible por tratarse del ámbito común donde se ejercían los derechos en libertad e igualdad. El territorio indivisible es el *ethos*, donde el ciudadano se autodetermina en libertad e igualdad amparado por el estado democrático.

Durante, al menos dos siglos, el centralismo republicano alentó y orientó las luchas revolucionarias y reformistas de la izquierda, pero algo ha ocurrido en los primeros años de este siglo, en los que la izquierda ha renunciado a los postulados jacobinos para acogerse a la laxa concepción de vaporosos federalismos o la asunción desinhibida de los nacionalismos étnicos. Los jabinos de hoy han mutado y se han convertido en defensores acérrimos, no de la igualdad de todos, sino de las diferencias particulares en demanda de reconocimiento, empezando por las identidades de signo nacionalista. La mutación sobrevenida es clara y empíricamente constatable en el escenario político español, donde asistimos a una gran confusión semántica alentada desde el poder y que se nos antoja un grave extravío, desde las pautas de la izquierda razonada y no populista.

Se nos dice que en las pasadas elecciones se jugaba la defensa de la democracia frente al fascismo. Un fascismo, afortunadamente, inexistente en España donde solo cabe hablar de neocatólicos intransigentes o de nostálgicos de tiempos felizmente pasados. También se ha dicho que lo que estaba en juego era la batalla entre el progresismo y la regresión tenebrosa. Esta falsedad encubre la verdadera polarización entre partidarios de una democracia centralizada y de sesgo constitucionalista, frente a un bloque iliberal cohesionado en torno a demandas de secesión y autodeterminación.

Con ambas polarizaciones, demócratas frente a fascistas y progresismo versus regresión, se ha tratado de ocultar la realidad del auténtico eje de confrontación, que no es otro que el representado por la concepción unitaria del Estado garante de la igualdad y la libertad, frente a la dispersión política, jurídica, cultural y financiera de los territorios de España.

Hay una evidencia empírica difícil de ocultar y es que la izquierda española es incapaz por sí sola de vencer en buena lid electoral, y para ello le es indispensable sumar con todas las fuerzas políticas que niegan el valor moral y político de la unidad nacional. La izquierda necesita blanquear a las fuerzas más regresivas y tenebrosas para construir lo que Sánchez ha llamado «una mayoría social de progreso», aun a sabiendas de que dicha mayoría tan solo se asienta en el sueño desquiciado de quienes, como los girondinos de antaño, sueñan con el Antiguo régimen. Esa mayoría social de progreso no existe, si de ella forman parte partidos que comulgan con la xenofobia y el racismo, o quienes todavía ensalzan la violencia terrorista, o directamente nos presentan el gulag con ritmo caribeño, como si fuera el paraíso perdido de John Milton.

## ¿REACCIONARIOS Y FACHAS O CONSERVADORES?

Con la consigna de la «extrema derecha y derecha extrema» lanzada por Pedro Sánchez con el ánimo de polarizar, aún más, el escenario político español, se comete no solo un error de apreciación sino una hipérbole populista e interesada, que trata de simplificar la rica urdimbre de los partidos políticos españoles. Reducir el variado espectro de los partidos políticos a la disyuntiva entre los bloques progresista y extrema derecha es un insulto a la inteligencia y un dislate que carece de sentido. El actual Gobierno de coalición presidido por Pedro Sánchez blasona de ser progresista y feminista, al tiempo que condena a las formaciones de derecha al ostracismo político, negándoles cualquier tipo de legitimidad moral y política. El progresismo, es decir el bloque de las formaciones políticas que conforman la mayoría que ha respaldado al actual presidente, es quien encarna en exclusiva la virtud política que es negada a quienes disienten de las políticas y los relatos del *sanchismo*. Esta añagaza tan burda como mendaz tiene su origen en el pacto de Tinell, que fue firmado en 2003 por los socialistas y los nacionalistas catalanes, dando origen al Gobierno tripartito presidido por Maragall. Aquel pacto fue suscrito bajo los auspicios del entonces presidente del Gobierno, José Luis Rodríguez Zapatero. El pacto de Tinell supuso la demonización de la derecha conservadora española. Una derecha que no sería sino la mutación y actualización del franquismo. La interesada ficción mantenida por nacionalistas y socialistas durante los mandatos de Zapatero y Sánchez desvirtúa la historia de nuestra Transición y fragiliza los fundamentos históricos, morales y políticos en los que se asienta la Constitución de 1978.

El *bibloquismo* (progresismo versus fascismo) que se pretende instaurar en España por parte de las izquierdas y los nacionalismos, tiene por objetivo el establecimiento de una hegemonía «progresista» en la que las fuerzas conservadoras quedarían deslegitimadas para la alternancia democrática. Esa es la razón por la que se incide en la construcción de un trampantojo de signo fascista ante el que es preciso reaccionar y defenderse. La alerta fascista que en su día trató de impulsar Pablo Iglesias, es ahora retomado por el bloque «progresista» para tratar de retener el poder y volver a configurar un «Gobierno Frankenstein». Pero durante los cinco años de Gobiernos presididos por Pedro Sánchez, ha quedado en evidencia la deriva reaccionaria de una izquierda que presumía ser el epítome de todas las virtudes democráticas y de progreso, una deriva a la que Félix Ovejero puso nombre y fecha con su lúcido ensayo publicado en el año 2018. El progresismo de un lustro de Gobiernos presididos por Pedro Sánchez ha quedado de manifiesto en la maneras autocráticas de un líder, que ha rehuido los controles parlamentarios y ha gobernado a golpe de decretos, hurtando el dictamen de quienes han de velar por el rigor y la justeza de las leyes, al tiempo que desarrollaba tácticas clientelares que han puesto de relieve los déficits de los aparatos del Estado que habrían de velar por la equidad y la justicia de las muy publicitadas políticas sociales, que apenas han podido disimular el deterioro de amplias capas sociales que se han pauperizado. Por no mencionar las reformas «progresistas» del Código Penal, destinadas a beneficiar a las amistades peligrosas que han apoyado al gobierno de la gente. En definitiva, durante los cinco años de vigencia de los Gobiernos de Pedro Sánchez, se ha degradado la salubridad de nuestra democracia y, lo que es peor, se ha desmoronado la paz civil ciudadana convirtiendo a los ciudadanos en reclutas de ejércitos enfrentados, en una guerra imaginaria que tan solo pretende conservar el poder.

Algún día, el socialismo español habrá de cuestionarse por la oscura razón por la que una formación política de signo conservador de centro derecha, como el PP, es condenado al ostracismo, rehuyendo todo consenso con el mismo y demonizando sus pactos razonables en busca de una estabilidad política que la izquierda considera ilegítima y reaccionaria. Esa misma izquierda que ha pactado con los enemigos declarados de nuestra Constitución y ha prohijado el crecimiento de una extrema derecha con sus políticas populistas inspiradas en las anticulturas *queer* y *woke*. Las recientes elecciones municipales y autonómicas han demostrado la falsedad de una presunta mayoría de izquierdas en España, dando fe de la sólida existencia de más de once millones de ciudadanos que votan a formaciones conservadoras e incluso a la derecha radical. ¿De verdad cree la izquierda progresista que en España hay once millones de fascistas? En la actual coyuntura de precariedad económica y de inestabilidad mundial por las guerras y los desafíos tecnológicos y ambientales, es normal que la ciudadanía opte por opciones conservadoras y rechace las políticas extravagantes de quienes han perdido el norte y el camino del verdadero progreso, que siempre es y ha sido una senda donde la razón predomina sobre las emociones y los valores sempiternos de la condición humana buscan su realojo.

## SOCIALDEMOCRACIA DEL SUR

Pedro Sánchez reivindica la socialdemocracia como eje vertebrador de sus políticas, pero algunas de sus políticas contravienen la esencia de la corriente de la que blasona. La socialdemocracia es un modelo político que triunfó en el norte de Europa en países como Finlandia, Suecia, Noruega, Alemania o Dinamarca en los que se hizo compatible la defensa de los derechos de los trabajadores con la libertad económica y la libre competencia de las empresas. La socialdemocracia consagró el lema que proclamaba «la competencia donde sea posible y la planificación donde sea necesaria», redactada en el programa de Godesberg (1959), que relanzó al partido socialista alemán convirtiéndolo en modelo a imitar. Es de ese modelo del que se sirvió el psoe, cuando renunciando a la ortodoxia marxista abrazó el modelo socialdemócrata en el Congreso de Suresnes, que catapultó a Felipe González para convertirlo en artífice de la modernidad y la apertura a Europa que impulsaron sus gobiernos.

Sánchez se ha abrazado a Felipe González en el acto de clausura del 40 Congreso celebrado en Valencia. El actual presidente del Gobierno es experto en abrazos, y a ellos suele recurrir no tanto como muestra de emotiva efusión sino, más bien, para sostenerse en la necesidad. Se abrazó a Pablo Iglesias cuando tras repetir las elecciones en 2019 decreció en el número de diputados y no tuvo otro remedio que coaligarse con quien juró no hacerlo jamás. Ahora se ha abrazado a Felipe González en busca del apoyo que los sondeos le niegan. Abrazar para sustentarse y no caer, he ahí una táctica eficaz para no perecer. Con el abrazo a Felipe González, el líder socialista ha buscado escenificar un regreso a la centralidad que sus políticas desmienten. La deriva populista que Pedro Sánchez ha puesto en evidencia en sus reiteradas cesiones a las exigencias de Podemos muestra el verdadero sesgo de sus políticas, cada vez más alejadas de los postulados de la socialdemocracia de Olof Palme, Billy Brandt o Tony Blair.

La requisa de beneficios a las empresas eléctricas, la intervención política en el ámbito de los alquileres, el asalto a la seguridad jurídica o la prometida cancelación ideológica de la reforma laboral, constituyen trazos regresivos que chocan con la libertad de la economía y de empresa que figuran en el ADN de la verdadera socialdemocracia, que hace compatibles la libertad económica y el bienestar social. Pero el problema reside, no solo en el predominio de la ideología sobre la realidad, sino en la incapacidad gubernamental para monitorizar la creación de riqueza y el progreso económico. Se compadecen mal el progresismo ideológico del Gobierno con el retroceso social que supone el aumento de la pobreza, el paro estructural y el colapso social de las nuevas generaciones que carecen de horizonte existencial y laboral. Mal van las cosas cuando al avance de las colas del hambre, solo cabe oponer la sopa social de Cáritas o las improvisadas ONG, que tratan de evitar la exclusión social. Es una lástima que en el Congreso valenciano del PSOE no figurara entre las ponencias el último informe de Cáritas y FOESSA, donde se denuncia el aumento de la pobreza severa en España con seis millones de españoles pobres y once millones en riesgo de exclusión social. ¿No habíamos quedado en que nadie se iba a quedar atrás? ¿Es este el modelo de recuperación que situará a España en la vanguardia de Europa? En los Presupuestos Generales abundan las prebendas a los socios de gobierno, las sinecuras a los que ya gozan de la estabilidad laboral o las propinas a los nuevos votantes, pero no existe un sólido plan para acometer la reforma de las vetustas estructuras económicas o la modernización de nuestras anquilosadas burocracias para despejar el sombrío horizonte de nuestros jóvenes. Faltan un diseño creíble de país y un riguroso plan de reforma económica.

Max Weber observó que la ética protestante se hallaba en el origen del capitalismo, pero, al parecer, también estuvo presente en la construcción de la socialdemocracia del norte de Europa. El capitalismo del sur de Europa (el de España, sobre todo) se parece mucho al capitalismo clientelar, *crony capitalism*, que no deja de ser una expresión aberrante del capitalismo. Pero, por lo visto, la aberración alcanza también al modelo socialdemócrata del sur de Europa, que no logra acoplar el crecimiento económico y la creación de riqueza con el bienestar social deseado. Históricamente, la cultura protestante ha propiciado la austeridad, la eficacia, el esfuerzo, el ahorro y el mérito como valores personales y colectivos. El catolicismo, sin embargo, ha propiciado la ética de la elusión, el despilfarro, el dispendio, la deuda y su condonación.

Se suponía que España se había secularizado y había dejado de ser católica, pero los hechos lo desmienten. Nuestra socialdemocracia no ampara el esfuerzo sino la comodidad, no prima el mérito sino la adhesión, no busca el progreso sino la regresión igualitaria, no busca la equidad sino la identidad, no persigue la concordia sino la inquina. La socialdemocracia de Sánchez es, sin duda, una socialdemocracia católica y sureña. ¿O habría que calificarla de caribeña?

## LA OTRA CORRUPCIÓN

La corrupción política en su versión económica, la de los «mangantes», en feliz expresión de Pedro Sánchez, es aquella en la que desde la esfera política se propicia el abuso y la extracción fraudulenta de los recursos financieros públicos en beneficio propio o grupal. La lista de los escándalos de corrupción económica es amplísima y afecta, por desgracia, a casi todos los partidos del arco parlamentario. Desde el PSOE al PP, pasando por partidos como CIU o el PNV, se han visto involucrados en diversos casos de corrupción que han llegado a los tribunales de justicia. Todo parece indicar que los casos de corrupción juzgados y sentenciados solo suponen la punta de un iceberg cuya envergadura real es ignota y profunda. Desde los escándalos de Filesa y los ERE andaluces que afectan al PSOE, a los del PP con nombres tan familiares y sonoros como Gürtel y Púnica, son decenas los casos que inducen a pensar en la corrupción como algo estructural de la actividad política en España.

Con ser grave la lacra de la corrupción política de carácter económico, existe otra corrupción de índole institucional que pone en peligro la salud democrática de un país. En efecto, la corrupción política abarca, no solo los actos deshonestos o delictivos cometidos por funcionarios y autoridades públicas que abusan de su poder para enriquecerse ellos o su entorno, sino que también es extensible a la corrupción de las instituciones cuando estas se utilizan con fines espurios o contrarios a su cometido constitucional y democrático. Las instituciones se corrompen cuando son utilizadas de manera indebida o ilícita en provecho político de sus gestores. Por ejemplo, impedir o menoscabar las funciones legislativas o de control del Parlamento es una clara muestra de corrupción institucional. También lo es el apropiarse de manera partidista de los aparatos del Estado como la Fiscalía o la Abogacía del Estado.

En la pugna política española se cruzan, a menudo, las descalificaciones por pasadas o actuales corruptelas económicas que se utilizan para desautorizar al adversario político. Es esta una inveterada costumbre que consiste en la estúpida argumentación del «y tú más», que se esgrime como pueril argumento que denota la corrupción estructural de nuestra escena política. La palabra «corrupción» se suele utilizar de manera unívoca refiriéndose a los casos de fraude, desfalco o enriquecimiento ilícito sin reparar en la corrupción de las instituciones, mediante la prevaricación y el uso indebido que se halla en el origen de la degradación democrática que España padece.

Pedro Sánchez alcanzó el poder mediante la moción de censura del 1 de junio de 2018, esgrimiendo el argumento de la corrupción política del PP, con ocasión de una sentencia condenatoria de los tribunales en el caso Gürtel. Aquel argumento que le valió de catapulta para llegar a la Moncloa no ha cesado de ser utilizado para deslegitimar al PP e incluso criminalizarlo. Cuatro años más tarde, el presidente Sánchez repite de manera recurrente la acusación de partido corrupto al PP, sin reparar en las múltiples sentencias condenatorias que incumben al PSOE. Pero con ser grave el barrizal político en el que ha convertido la escena política española, en virtud de la deslegitimación del adversario político, es todavía peor la corrupción institucional que el *sanchismo* está practicando al convertir las instituciones democráticas en meras oportunidades para afianzar su poder y erigirse en único protagonista de los designios políticos que hipotecan el futuro de España. La autocracia es una ambición ilegítima y tóxica para quien olvida que su poder es tan solo un usufructo temporal.

Tras cinco años de Gobierno *sanchista*, es una evidencia el sesgo autocrático de algunos comportamientos del actual inquilino de la Moncloa. La última y más desafortunada de las actuaciones ha consistido en el giro de la política exterior española, que ha entregado el Sahara al régimen iliberal de Mohamed VI, burlando el mandato de la ONU y granjeándose la enemistad de Argelia. Refiriéndose al secretario general del PSOE, Emiliano García-Page ha declarado que en su partido «manda uno» y los demás son «monaguillos». Ser el «único» es el prurito del autócrata por antonomasia, pero cuando los demás se convierten en meros monaguillos o incluso en «estorbo» (Sánchez *dixit*), es que ha llegado la hora de poner fin a la involución autocrática en la democracia española. Por enésima vez, desde Bruselas, la vicepresidenta de la Comisión Europea, Vera Jourová, acaba de señalar la grave anomalía que supone el colapso del Consejo General del Poder Judicial. Dejar que se pudra una institución tan relevante como el CGPJ es el mejor ejemplo de la gravedad que reviste esa «otra corrupción» que está afectando a la calidad de nuestra democracia. La inquina que preside las relaciones del gobierno de Sánchez con la judicatura debe dejar paso a la renovación del CGPJ por los mismos jueces. Sería un primer paso en la buena dirección. La división de poderes es el antídoto contra la autocracia sobrevenida.

## *HYBRIS* Y NÉMESIS DE PEDRO SÁNCHEZ

Se atribuye a Eurípides el pensamiento de que «aquel a quien los dioses quieren destruir, primero lo vuelven loco». Sea o no Eurípides el autor de la frase, lo cierto es que en las tragedias griegas es recurrente el tema del castigo de los dioses a quienes abusan de su poder y transgreden los límites impuestos por el buen gobierno. Los griegos llamaban *hybris* al pecado de orgullo y arrogancia, que no repara en invadir el espacio ajeno que corresponde a otros. Némesis era el nombre que designaba la venganza de los dioses contra quienes era víctimas de la *hybris*. Una venganza que equivalía al delirio y la enajenación de quienes se saltaban los códigos de la conducta racional y equilibrada.

No pretendo, con el título que encabeza estas líneas, imputar a nuestro presidente una falta de juicio o una enajenación mental, aunque sea transitoria, pero sí deseo hacer notar las especiales condiciones en las que desempeña su poder ejecutivo. Por supuesto que el inquilino de la Moncloa ha acreditado sobrada capacidad intelectual y astucia política, pero ello no significa que su habilidad la haya empleado siempre en el mejor desempeño de su cargo y en aras del interés general. Lo más definitorio de la *hybris* son la desmesura y la arrogancia con la que el afectado actúa, y se ha de reconocer que en el caso de nuestro presidente ambas pasiones actúan de consuno. Basta recordar los hitos más emblemáticos de su presidencia para observar la continuada desmesura y arrogancia de sus actuaciones.

Estas actuaciones son doblemente llamativas por cuanto que nos hallamos ante el presidente con el menor apoyo parlamentario de nuestra historia reciente. Los 120 diputados que lo sustentan son el magro resultado de una decreciente deriva del PSOE, sin embargo, Sánchez actúa como si tuviera una mayoría absoluta y sobrada. Otra de las características de quien actúa bajo los efectos de la *hybris* es la invasión de espacios y competencias que no le corresponden. Caro Baroja señalaba que «el desprecio temerario del espacio ajeno» era una de las características de la *hybris*. Es, tal vez, esta última particularidad la que mejor retrata al personaje en cuestión. Lo específico y medular de una democracia liberal es la división de poderes. El ejecutivo ha de conducirse según las normas derivadas de la división de poderes; el ejecutivo ha de ser contrapesado por el legislativo y el judicial. Pedro Sánchez ha roto con la división de poderes, utilizando su poder de sesgo autocrático en menoscabo del Parlamento y del poder judicial.

Es normal que en un régimen democrático haya tensiones entre los distintos poderes del Estado, pero una cosa son las tensiones y otra muy distinta la continuada usura de las instituciones del Estado sin respetar su autonomía y poder. Sánchez se ha esforzado con alevosía y denuedo en la neutralización de cuantos poderes estaban llamados a fiscalizar su desmesura y ambición, rayana con la autocracia. Por dos veces clausuró el Parlamento, por lo que fue censurado por el Tribunal Constitucional. Ha tratado de gobernar de espaldas al legislativo abusando de los decretos leyes, que han obviado la tarea legislativa del Parlamento. Aprovechando la infausta venalidad de nuestro rey emérito, ha ninguneado a Felipe VI, usurpando sus funciones representativas y constitucionales. También ha decidido por su cuenta y riesgo, de monarca a monarca, el cambio de la política que concierne al Sahara. Ha fagocitado y tensionado la neutralidad constitucional de instituciones como la Fiscalía General, el Defensor del Pueblo, el Tribunal de Cuentas y la Abogacía del Estado y, finalmente, ha terminado por desvirtuar la función democrática del CNI. Esta última desmesura se ha perpetrado contra toda lógica y sentido, aupando a los enemigos declarados del Estado de derecho al corazón mismo de los servicios de inteligencia.

Dicen que en la política española existe el llamado «síndrome de la Moncloa», en virtud del cual los presidentes caen en la sinrazón de creerse por encima del resto de los mortales, huyendo a una realidad virtual que solo el tiempo es capaz de corregir. Es obvio que nuestro presidente vive y actúa en una realidad virtual que es ajena a la dura realidad que el resto de los españoles percibimos y padecemos. Tal vez sea esta una modalidad de la némesis a la que aludíamos. Los dioses terminan por enajenar a quienes se empecinan en la *hybris*. No pienso que los dioses hayan castigado a nuestro presidente con la enajenación de la que Eurípides hablaba, pero es, en todo caso, una evidencia que Pedro Sánchez se guía por el delirio narcisista y la «sin razón» de Estado. Ello quedó en evidencia desde el momento que se empeñó en gobernar con quienes tienen por bandera la ruina del Estado democrático español. Tal vez el castigo a tanta desmesura y arrogancia le aguarde en las urnas, pero costará, y mucho, deshacer los entuertos provocados por la *hybris* desatada por el más progresista de nuestros presidentes. Esperemos que la venganza de los dioses, la némesis en forma de una recesión, estanflación o ruina no recaiga sobre el común de los españoles, que no tiene la culpa de los delirios narcisistas de su presidente.

# ÉL

Todo parece indicar que España se encuentra al borde de una involución democrática. Lo dice no solo la oposición conservadora, sino también la pléyade de observadores independientes que vienen constatando la acelerada deconstrucción de los fundamentos de nuestro sistema político. La pretensión del Gobierno de cambiar, por vía exprés y a la carta, el Código Penal eliminando el delito de sedición y reformular el delito de malversación, es el colofón de una deriva en la que la división de poderes y la fragilización del Estado significan el deterioro estructural del sistema político que nos dimos en virtud de la Constitución de 1978. El deterioro de nuestro sistema político es la consecuencia de diversos factores que trataré de mencionar de modo sintético.

La principal causa del deterioro político es la ausencia de una mayoría parlamentaria congruente y leal al Estado de derecho. La fragilidad del actual Gobierno es la principal causa de su errática gestión. El llamado «Gobierno Frankenstein» es un Gobierno sustentado por fuerzas políticas cuya génesis y proyecto políticos entran en contradicción con la arquitectura central de la Constitución de 1978. El antagonismo es patente y explícito por parte de ERC y Bildu, que en reiteradas ocasiones han afirmado ser partidarios de la desmembración de España y contrarios a los intereses de la mayoría de la ciudadanía. Por lo que respecta a UP, principal socio del PSOE, es también manifiesta su intención y propósito de socavar los fundamentos de nuestra democracia liberal. La disfuncionalidad negativa de las fuerzas que constituyen el «bloque de progreso» reside en un vicio de origen que determina la actual deriva del gobierno de coalición.

El «gobierno de progreso» se fundamenta en una frágil mayoría que no soporta la constatación de sus contradicciones, y es por ello que sobreactúa invadiendo los ámbitos del legislativo y judicial, impidiendo el juego de poderes consustancial a la democracia. No es casual que el actual Gobierno trate de neutralizar al Parlamento y boicotear al poder judicial ya que su pulsión autocrática así lo determina.

El chantaje sistémico constituye la esencia de la «mayoría de progreso» sobre la que se sustenta el gobierno de coalición. Los socios del Gobierno lo emplazan sistemáticamente a atender sus exigencias so pena de cesar en su apoyo. Estas exigencias nada tienen que ver con el interés general y suponen una continua usura de los valores constitucionales y del bien común.

La arquitectura del actual Gobierno se sustenta sobre la ambición personal de su presidente. Su trayectoria política ha demostrado que nada se opone al logro de su ambición. Él cabalga sobre cuantas contradicciones se le presentan, y no duda en cambiar de criterio o incumplir sus promesas, siempre que ello le garantice la permanencia en el poder.

Él sin encomendarse a nadie más que a su sacrosanta persona decidió dar un giro político en la cuestión del Sahara. Él sin consultar al Parlamento, ni a su Consejo de Ministros, ni a su propio partido ha decidido derogar el delito de sedición para favorecer a su socio parlamentario, y está pensando en cambiar el delito de malversación para blindar a quienes dilapidaron el dinero de todos para financiar su golpe de estado.

Él está persuadido de que «Su Persona» es un don que los dioses nos han otorgado y está dispuesto a continuar en el machito, aunque España se convierta en un reino de taifas y la economía española se declare en quiebra, en el empeño de subsidiar a esa clase media trabajadora, que nadie salvo «Él» es capaz de identificar.

España se encuentra en una encrucijada vital en la que peligra la salud de nuestra democracia. No se trata de alarmar sin motivo ni de realizar augurios apocalípticos, pero cuando se afirma que Cataluña se encuentra hoy mejor que cuando aconteció el golpe de estado de 2017, es pasar por alto que 7000 empresas han huido de Cataluña e ignorar que el Estado de derecho no está vigente en Cataluña, donde se incumplen las sentencias de los tribunales y a decenas de miles de niños se le impide formarse en su lengua propia.

Dentro de poco nos tocará elegir un nuevo Parlamento, pero es ya la hora de comenzar a hacer balance de los años de gobierno presididos por «Él». El balance es calamitoso. La principal herencia que nos tocará en suerte, a parte de algunas leyes de carácter ideológico, será una sociedad artificialmente polarizada por la necesidad de convertir en enemigos a cuantos no simpatizamos con «Él» y sus políticas. La bipolaridad antagónica de la sociedad española que «Él» ha tratado de impulsar pretende instituir un régimen «progresista» mediante la apertura de un tiempo constituyente que *de facto* y *de iure* deconstruya la Constitución de 1978, a fin de que «Él» y los suyos se perpetúen en el poder.

La dictadura, el cesarismo, la satrapía, la *democradura* o la tiranía son algunos de los nombres del poder cuando este carece de límites y es ejercido por un personaje «providencial». El Parlamento está siendo ninguneado y se quiere amordazar al poder judicial. Irene Montero pretendía enviar a los jueces a un curso de reeducación. Nos queda Europa como salvaguarda. Europa y nuestro voto.

## EL NUEVO PSOE

La nostalgia es una mala compañía en política, ya que falsea la realidad y se presta a muchos equívocos. Uno de los principales equívocos en la política española es la añoranza del viejo PSOE de siempre, aquel que se rehízo en el congreso de Suresnes celebrado en 1974 y del que tomaron las riendas Felipe González, Nicolas Redondo, Enrique Múgica y Alfonso Guerra. Un partido netamente socialdemócrata inspirado en los modelos socialistas del norte de Europa. Un partido socialista que compartió con el centro derecha español el protagonismo de la Transición política y consensuó la redacción de la Constitución de 1978. El PSOE que modernizó España y lo introdujo en la Unión Europea. Pues bien, aquel partido dejó de existir o al menos mutó de manera radical convirtiéndose en algo sustancialmente distinto. El caparazón, las siglas, son las mismas, pero el partido dejó de ser lo que fue. Ha mutado su ideología, la forma de organizarse y su concepción de la política.

Las ideas de las que se nutría el PSOE, netamente socialdemócrata, eran los principios ilustrados de la libertad, igualdad y fraternidad. El PSOE de Pedro Sánchez es hoy una organización opaca y ajena a las libertades inspiradas en las leyes. Ha mutado a una organización donde la libertad de pensamiento y expresión están ausentes. Los militantes carecen de voz, y los órganos y comités intermedios han sido laminados.

El PSOE se ha convertido en una plataforma electoral sin otro proyecto que el de conducir al líder al poder. Las famosas primarias que llevaron a Sánchez a la secretaría general significaron el principio del fin del PSOE. Francesc Carreras lo formulaba de manera magistral en un artículo publicado en *El Confidencial*:

> Las primarias se fueron imponiendo en una u otra de sus formas. Fue entonces cuando se vio claro que no eran más que una impostura, un procedimiento que en lugar de democratizar los partidos los convertía en estructuras rígidas y autoritarias en las que se impedía más que nunca el debate interno. Nunca ha habido tan poca democracia interna en los partidos como tras generalizarse las primarias. La razón era muy simple: se entendió mal lo que era una democracia y se aplicó a los partidos esta mala forma de entenderla. En efecto, y simplificando mucho, la idea democrática se compone de dos elementos básicos: la elección de quienes gobiernan y el control de estos por parte de los gobernados. Ambos elementos —elección y control— son esenciales, si alguno falta no hay democracia. La elección otorga al gobernante su legitimidad de origen y el control su legitimidad de ejercicio. Así sucede en las elecciones legislativas entre electores y elegidos, así también en las relaciones entre Gobierno y oposición en el interior de la vida parlamentaria.
>
> En las primarias de los partidos se utiliza solo el primer elemento, la elección, pero se elimina el segundo, el control (…). En definitiva, las primarias en los partidos están copiadas de las formas democráticas populistas: elecciones sin control[10].

El líder elegido mediante primarias posee una legitimidad de origen y no tiene por qué dar cuenta a nadie que no sean los militantes que le han elegido. Posee un poder absoluto en el partido. Si el líder así elegido alcanza la presidencia del Gobierno, tenderá a actuar de manera personal y despótica, dando la espalda a la división de poderes, persuadido por la falsa ilusión de su legitimidad de origen.

El PSOE regido por Pedro Sánchez es un partido de signo autocrático, que en nombre de su origen democrático niega toda libertad de opinión y expresión a sus militantes. Limitándose estos a aplaudir y honrar a su líder. Se trata de la consumación de un régimen

---

10    Las primarias, una impostura democrática. (2021, 16 de mayo). F. Carreras. *El Confidencial*. https://blogs.elconfidencial.com/espana/la-funesta-mania-de-escribir/2021-05-16/las-primarias-una-impostura-democratica_3082688/

populista con apariencia socialista: el de *socialpopulismo* es el calificativo que mejor le conviene.

Pero no es solo el valor de libertad el que ha sido lesionado. Otro de los principales valores del socialismo liberal e ilustrado es el de la igualdad. También en este valor, el PSOE ha mutado para convertirse en un partido que prioriza la identidad sobre la igualdad. El PSOE ha adquirido en el mercado del populismo las doctrinas más extremas de la ideología *woke*, procedentes de las universidades americanas aferradas a teorías como el nativismo, el feminismo extremo y la redención de las minorías. El hecho de que los Gobiernos de Sánchez se sostengan sobre los hombros de partidos nacionalistas de carácter étnico, ha influido en la asunción de sus idearios que son explícitamente contrarios a la igualdad de todos.

El valor de la fraternidad, que fue seña de identidad secular de la mejor socialdemocracia, ha mutado a una idea banderiza de la sociedad, donde solo existen amigos y enemigos que se contraponen hasta el infinito. Esta mutación comenzó a tomar cuerpo de la mano de José Luis Rodríguez Zapatero cuando institucionalizó el Pacto de Tinell suscrito ante notario entre el PSC y ERC en el año 2003.

El *bibloquismo* instituido por el PSOE, de la mano de Podemos, se ha convertido en la razón de ser del socialismo populista que inspira a Sánchez. La principal y única meta del socialismo *sanchista* es alcanzar el poder y mantenerse en él, por lo que es fundamental la demonización del enemigo (la derecha), siguiendo las pautas del teórico inspirador del nazismo Carl Schmitt.

Es, por lo tanto, una falsa y nociva nostalgia la de quienes sueñan con la restauración de aquel partido socialdemócrata que renació en Suresnes y comandó la Transición con la derecha conservadora, estableciendo lazos de fraternidad ilustrada entre las distintas tradiciones políticas de España.

## EL OCASO DEL PSOE

Sobre la extinción del viejo PSOE se han ocupado analistas y pensadores que han ponderado las causas del declive socialista y las mutaciones que se han operado en su seno. Destaca entre ellos el pensamiento de Ramón Vargas-Machuca Ortega, antiguo miembro destacado del PSOE, que observa un déficit cognitivo en lo que fue su partido de militancia:

> Muchas veces el desorden epistémico precede a la catástrofe moral. De ahí que la falta de músculo cognitivo de quienes deberían ser los defensores de un orden político valioso conduzca a su rendición ante los enemigos del Estado de derecho y a una desintegración progresiva de las instituciones de la democracia liberal, mermada de apoyos y seguidores consecuentes. Probablemente ellos no lo sepan; ni pueden saberlo a estas alturas. Es lo que tienen las disonancias cognitivas[11].

Las disonancias cognitivas a las que Vargas-Machuca se refiere tienen su origen en el desvarío intelectual y político de los actuales dirigentes del partido y de Pedro Sánchez en particular. Estas disonancias son fruto de la deriva decadente de la calidad de los cuadros del PSOE, que no ha dejado de empeorar en las dos últimas décadas:

> A partir de la segunda mitad de los años ochenta del siglo pasado, una sucesión de promesas incumplidas y trampas a la legalidad dieron lugar progresivamente a una crisis de inobservancia, en expresión de Flores d'Arcais, que acarreó con el tiempo una selección inversa y una consecuente crisis de incompetencia de los actores institucionales. Ya no arribaba al partido lo mejor de cada casa. Y hasta hoy. Esta política de recursos humanos, generalizada en la mayoría de los partidos, conlleva indigencia cognitiva y falta de libertad en el funcionamiento de los mismos.

> Desde luego no era el personal mejor dotado para afrontar los desafíos geopolíticos y tecnológicos que estaban produciéndose a partir de la caída del Muro y desde el cambio de siglo en adelante. Más tarde, las crisis económicas que se han ido superponiendo a partir de 2008 han evidenciado una impotencia sistémica y generalizada para la reproducción estable del Estado social y democrático de derecho frente a un capitalismo globalizado sin trabas[12].

---

11    Adiós al socialismo liberal en España. R. Vargas-Machuca Ortega (2022), n° 285, pp. 56-65.
12    *Ibid.*

Pero no solo se trata de disonancias cognitivas ni de una negativa selección del personal dirigente, sino que el establecimiento del *totalismo sanchista* ha generado una normalidad tóxica en la que el crimen y el terrorismo nacionalista han sido blanqueados por una mera e instrumental necesidad aritmética de sumar apoyos y pactos para mantenerse el poder:

> Esos pactos tienen una sola explicación verosímil: una voluntad inflexible de perdurar en el poder a cualquier precio. Y como se constata a diario, conllevan una temeraria y peligrosa agenda que provoca no solo problemas políticos, sino también un grave problema moral.

> Sánchez ha blindado su alianza con la extrema izquierda, independentistas y Bildu a un alto coste que empaña la ejecutoria y reputación de la democracia en España y del propio PSOE. Veamos el caso más hiriente y más próximo. La aceptación por el grupo socialista en el Congreso de una enmienda de Bildu al texto del proyecto de ley de la llamada Memoria Democrática implica una funesta concesión a los herederos políticos de ETA para el logro que siempre han pretendido: blanquear los delitos perpetrados por la banda armada en democracia. Y es que, a juicio de los proetarras y sus compinches, las acciones de los terroristas en democracia no fueron crímenes sino iniciativas de hombres de paz a favor de una «auténtica democracia que promueve libertades colectivas» de unos imaginarios pueblos oprimidos[13].

Suscribir el relato de ETA sobre la Transición política y las causas de sus crímenes supone la máxima indignidad para una formación política, que ha padecido en carne propia la devastación moral y política que el terrorismo significa. El día 13 de octubre, Pedro Sánchez saludó en el Congreso a los herederos de ETA, dándoles la mano con agradecido gesto por apoyar su candidatura. Hay gestos que valen por un millón de palabras. Blanquear y dignificar a quienes jamás han condenado el terrorismo del nacionalismo étnico que sembró el terror y la muerte durante medio siglo, oponiéndose a la democracia española con sus crímenes, equivale a renegar del mejor socialismo.

---

13    Adiós al socialismo liberal en España. R. Vargas-Machuca Ortega (2022), n° 285.

Ignacio Varela es autor de una importante biografía sobre Felipe González y es así mismo uno de los politólogos más reconocidos de España. Su ilustrado criterio y contrastada profesionalidad hacen que su voz crítica resuene con especial autoridad cuando escribe sobre el socialismo español. No en vano ocupó puestos relevantes en el seno del PSOE. En su opinión sobre el nuevo PSOE no puede ser más explícito ni más crítico:

> «El corazón tiene razones que la razón no entiende», escribió Pascal. El resultado del 23-J no se explica sin considerar la singularísima capacidad del PSOE de retener fidelidades movidas por una férrea, casi desesperada, adhesión emocional a la razón social o por una concepción eclesiástica del partido y de la política, que lleva a personas laicas en los demás aspectos de sus vidas a sostener metafóricamente que la oposición al Papa no es motivo para dejar de ir a misa (sic). En el fondo, el argumento no está tan lejos del de aquellos comunistas que afirmaban que más valía equivocarse con el partido, que tener razón contra él. Ese mecanismo religioso opera con la máxima potencia cuando adquiere un carácter reactivo, de respuesta defensiva a una amenaza externa que se presenta como existencial[14].

Las palabras de Ignacio Varela se ajustan a la perfección a los criterios de Filton arriba expuestos y que sirven para calibrar el carácter pseudo religioso del nuevo PSOE liderado por Sánchez. La vinculación emocional con el «Líder», con mayúscula, de los militantes del partido socialista hacen plausible el que califiquemos al PSOE como una comunidad emocional arracimada en torno a Sánchez. Esta adhesión irracional a una determinada figura política hace que lejos de ser circunstancial se convierta en algo estructural del partido socialista de Pedro Sánchez. Varela lo tiene muy claro:

> Pedro Sánchez ha quebrado metódicamente todos y cada uno de los fundamentos de aquel proyecto: los ideológicos, los estratégicos, los culturales y los operativos. Y, sobre todo, los que tienen que ver con la idea de España como nación y de la Constitución como marco y

---

14    Lamutacióngenéticadelpsoeyelvacíoconstitucional.(2023,8deseptiembre).I.Varela.*El confidencial.*https://blogs.elconfidencial.com/espana/una-cierta-mirada/2023-09-08/mutacion-genetica-psoe-vacio-constiucional_3731368/

límite infranqueable de la acción de gobierno y de las alianzas políticas. No es una adaptación a los tiempos o una desviación temporal, es una mutación genética completa y, ¡ay!, no reversible. Ya no.

Su paso por la dirección del aún llamado PSOE, que ya va para 10 años, no es transitorio, sino resolutorio. Al menos tanto como lo fue en los primeros setenta la transformación del partido de Llopis en el de Felipe González y Alfonso Guerra. En ese tiempo, ha podido construir un partido a su medida, de naturaleza radicalmente (desde la raíz) distinta al modelo anterior. Los elementos centrales del proyecto del 82 ya no son recuperables por esa sigla[15].

Sobre la nostalgia de algunos por el PSOE de la Transición, es meridianamente clara la opinión de Ignacio Varela. Aquel PSOE es ya irrecuperable, ya que Sánchez ha cortado el cordón umbilical que lo unía a la matriz socialdemócrata. Pedro Sánchez ha llevado a cabo una tarea de deconstrucción que dejaría perplejo al mismísimo Lucien Greimas, padre del concepto deconstructivo.

El vaticinio de Ignacio Varela no puede ser ni más pesimista ni más categórico. Piensa, Varela, que la deriva iniciada por Sánchez no tiene marcha atrás y que el deterioro de la democracia liberal cimentada en la Constitución de 1978 es irreversible. El régimen personal y autocrático iniciado por Pedro Sánchez se apoya en un conglomerado social, que Ignacio Camacho ha calificado de *sanchismo* sociológico y que describe así:

> El *sanchista* sociológico es distinto del clásico votante clientelar que cultivan todos los partidos: el beneficiario de ayudas y subsidios, el pensionista agradecido, el viajero en transportes gratuitos, el trabajador precario contento con la subida del salario mínimo. El caudillaje *pedrista* ha creado otro tipo de adepto, convencido de la superioridad que otorga su vínculo con esa abstracta entidad ideológica llamada progresismo, significante abierto donde caben nacionalistas insolidarios, comunistas tardíos, feministas, *wokes*, populistas variopintos y hasta exterroristas no arrepentidos. La etiqueta de progresista es el

---

15    La mutación genética del PSOE y el vacío constitucional. (2023, 8 de septiembre). I. Varela. *El confidencial*. https://blogs.elconfidencial.com/espana/una-cierta-mirada/2023-09-08/mutacion-genetica-psoe-vacio-constiucional_3731368/

gran hallazgo semántico, el blasón lingüístico con que la izquierda contemporánea impone su dominio, un mito que cohesiona y dota de prestigio al colectivo[16].

La creación de un cuerpo electoral receptivo al socialpopulismo *sanchista* es, tal vez, el mayor logro político de Pedro Sánchez. Esa masa electoral tiene por bandera el nihilista lema de Sánchez que proclama «no es no». Ese asidero negativo y excluyente es el que reúne al *sanchismo* sociológico, que tiene por único afán la negativa a que la derecha conservadora alcance algún día la presidencia del Gobierno. El ocaso de la democracia española a la que asistimos impertérritos tiene como protagonista principal a Pedro Sánchez, y su principal baza no es otro que el *bibloquismo* irreductible, en palabras de Ignacio Varela:

> El régimen del 78 no habría nacido sin el concurso del PSOE de Felipe González, como detectó inmediatamente Adolfo Suárez. De la misma forma, puede decirse que la liquidación de ese régimen no sería posible sin la cooperación necesaria del PSOE de Pedro Sánchez, como detectó tempranamente Pablo Iglesias. Por mucho que aprieten populistas y separatistas (que ganan poder al mismo ritmo que pierden votos), Sánchez tendría en su mano detener el desguace del orden constitucional que heredó: si no lo hace es porque no quiere, y más vale reconocerlo para no vivir en las nubes. Lo grave no es la mutación genética del partido socialista, sino el panorama al que nos aboca. Las elecciones del 23-J han transformado lo que nació como circunstancial —el *bibloquismo* irreductible— en un rasgo estructural de la política española. Por un lado, el entramado institucional procedente del 78 está siendo progresivamente neutralizado hasta dejarlo en vigor solo formalmente, pero materialmente inane y completamente desbordado en la práctica cotidiana[17].

Pero el «ocaso del PSOE», socialdemócrata por supuesto, no es un acontecimiento nuevo ni sorpresivo. Muchas han sido las voces

---

16    Arte contemporáneo. (2023, 24 de octubre). I. Camacho. *ABC*. https://www.abc.es/opinion/ignacio-camacho-arte-contemporaneo-20231025185954-nt.html

17    La mutación genética del PSOE y el vacío constitucional. (2023, 8 de septiembre). I. Varela. *El confidencial*. https://blogs.elconfidencial.com/espana/una-cierta-mirada/2023-09-08/mutacion-genetica-psoe-vacio-constiucional_3731368/

que venían avisando del estropicio cometido por Pedro Sánchez con las históricas siglas, viejas de 144 años. José Antonio Zarzalejos es una de las plumas más brillantes y rigurosas del periodismo español, su acerado sentido crítico se acompasa con un saber político sin paragón. Es suyo el fragmento de un artículo que publicó en *El Confidencial*, donde realizaba un diagnóstico tan veraz como crítico de la deriva política pilotada por Pedro Sánchez:

> Transcurridos menos de seis años desde entonces, el presidente del Gobierno y sus cómplices conspiran contra el PSOE y lo están destrozando. Ejecutan ese designio destructivo mediante dos procedimientos cada vez más obviós.
>
> El primero consiste en la transformación de la organización en una mera plataforma para el liderazgo voraz de su secretario general. Más allá de su decisión, no hay otras con capacidad de discrepancia efectiva. Para lograr esa falsa unanimidad, Sánchez ha cambiado los estatutos y se ha rodeado de cuadros mediocres que le siguen gregariamente en un trueque que retrotrae al modelo del peor feudalismo político.
>
> Son los cómplices internos: aquellos que colaboran al desguace del partido mediante el silencio, el asentimiento, el halago al líder y, en ocasiones, mediante actos de colaboración destructiva. Se trata de cargos internos y públicos que permanentemente se postran ante Sánchez y realizan los mandados del líder con rapidez y literalidad. Sin chistar.
>
> El destrozo del PSOE por Sánchez se consuma también mediante interesadas colaboraciones externas. Su poder no se asienta en las fortalezas de su partido, sino en la enajenación de su identidad histórica a cambio de ofrecer pactos a aquellos a los que el PSOE combatió: los separatistas vascos y catalanes y los comunistas[18].

En el trayecto de la deconstrucción del PSOE y del Estado de derecho español operado por Pedro Sánchez, es preciso señalar la

---

18   La gran conspiración de Sánchez y sus cómplices contra el PSOE. J.A. Zarzalejos. El Confidencial. https://blogs.elconfidencial.com/espana/notebook/2022-06-21/la-gran-conspiracion-de-sanchez-y-sus-complices-contra-el-psoe_3446957/

importancia que revisten los tiempos de su ejecución. Sánchez se aplicó, desde el primer momento de su regreso a la secretaría general del PSOE del que fue depuesto, en la construcción de un partido político que poco o nada tenía que ver con el partido que renació en Suresnes en el año 1974. Creó un partido bajo su exclusiva potestad y sin ningún tipo de oposición interna, donde la crítica y las corrientes de pensamiento quedaban terminantemente excluidas. Arrasó las instancias intermedias entre la militancia y el líder, cooptando a sus leales al Comité Federal donde reina una unanimidad búlgara. Era toda una señal y un anticipo.

La reconstrucción de un PSOE ajustado a la medida y a la voluntad personal de Sánchez es el anticipo de su proyecto político para el conjunto de España. Un proyecto donde prima la voluntad del presidente sobre cualquier otra instancia del poder. Una voluntad que ha de primar incluso sobre la ley y las sentencias de los tribunales. Un designio autocrático donde los contrapesos institucionales son sometidos al interés personal del presidente del Gobierno y que controla con mano de hierro los relatos que interesan al presidente y parasita los medios de información de carácter público. La autocensura asumida por los medios sumisos es otra de las características de los regímenes *totalistas*.

La conquista y la reducción al vasallaje de su partido fue el ensayo general de una política autocrática que había de apoderarse del Estado de derecho.

## ¿ES ESPAÑA UNA AUTOCRACIA?

Hay quienes piensan que sí. Otros consideran que España es una democracia imperfecta, porque en la Transición se tuvieron que tragar muchos sapos políticos y el Gobierno de Sánchez parece dar por buena esa apreciación, ya que de lo contrario no habría aprobado una ley de Memoria Histórica en la que se da la razón a los herederos políticos de ETA, al asegurar que hasta el año 1983 en España no se respetaron los derechos humanos. ¿Pero de qué hablamos cuando nos referimos a una autocracia?

Una autocracia es un sistema de gobierno en el que una sola persona o grupo tiene el poder absoluto sobre el Estado y la sociedad, sin ningún tipo de control o limitación legal, política o social. En una autocracia, el autócrata (el gobernante) puede tomar todas las decisiones que considere oportunas, sin tener en cuenta la opinión, los derechos o los intereses de los ciudadanos. La concentración del poder, la duración del poder, la ausencia de participación ciudadana, la represión y la violencia, así como la corrupción y la impunidad, son algunas de las principales características de una democracia. Analicemos una por una las señas de identidad señaladas.

## Concentración del poder

En una autocracia no existe la división de poderes que caracteriza a las democracias, es decir, la separación entre el poder ejecutivo (el que gobierna), el poder legislativo (el que hace las leyes) y el poder judicial (el que juzga). Todos estos poderes se concentran en una sola persona o grupo, que los ejerce de forma arbitraria y sin rendir cuentas a nadie. El autócrata puede modificar o anular las leyes existentes y dictar nuevas normas, intervenir en los asuntos judiciales e imponer su voluntad por la fuerza de los hechos. Es obvio que, si nos atenemos a esta característica de la autocracia, en los Gobiernos presididos por Pedro Sánchez ha habido una progresiva concentración del poder en manos del Ejecutivo. En efecto se ha menoscabado al Parlamento e incluso ha sido clausurado en ocasiones, por decisión unilateral del Ejecutivo, aduciendo la situación sanitaria del país. Por otra parte, se ha pretendido legislar con el objetivo de alterar la composición del Consejo General del Poder Judicial y del Tribunal Constitucional, sin atenerse a las formas establecidas en la Constitución española. También se han introducido cambios sustanciales en el Código Penal en lo referente a los delitos se sedición y malversación. Según opinión de Araceli Mangas Martín, catedrática de Derecho Internacional y académica de número de la Real Academia de Ciencias Morales y Políticas:

> Todas las autocracias tienen en común que retuercen la Constitución y la legalidad en vigor hasta moldearlas a las exigencias del «amado líder»; se sirven de la democracia para llegar a la autocracia. El refinamiento golpista de Polonia o Hungría es

el modelo seguido por el gobierno populista de Sánchez: apoderarse poco a poco de todos los poderes del Estado retorciendo o violando de lleno la Constitución y las leyes de organización del Estado. Empezando por el Parlamento, se crea un poder fusionado ejecutivo-legislativo (...). El ejecutivo-legislativo se sirve de una presidenta del Congreso servil para manipular el procedimiento. Se colonizan todas las instituciones restantes del Estado; se asaltan las empresas con capital público —incluida la que controlará los procesos electorales— favoreciendo a sus corruptas redes clientelares. Una sola persona, con una cohorte de gregarios que comen en su mano, sirviéndose de las siglas históricas del PSOE sin someterse a ningún tipo de limitación y con la facultad de promulgar y modificar leyes a su voluntad[19].

Está claro que según considera Araceli Mangas Martín, España es una autocracia donde un líder y su cohorte de servidores ha acaparado o intenta acaparar todo el poder, sin respetar la genuina división de poderes de una democracia. Es una opinión, aunque muy respetable. Sigamos hurgando en las otras características típicas de una autocracia.

## Origen y duración del poder

El poder de un autócrata puede tener diferentes orígenes, como un golpe de estado, una revolución, una guerra, una herencia dinástica o incluso una elección popular. Sin embargo, una vez en el poder, el autócrata suele perpetuarse en él, eliminando cualquier posibilidad de alternancia o sucesión democrática. El mandato de un autócrata puede ser vitalicio o indefinido, dependiendo solo de su voluntad o de su capacidad para mantenerse en el poder.

Al menos, en lo que a este criterio respecta, la alternancia en España es posible, siempre y cuando el bloque conservador logre la mayoría absoluta. Moralmente, sin embargo, el autodesignado «bloque de progreso» considera ilegítimo de origen al bloque antagónico.

---

19    Autocracia parlamentaria. (2022, 20 de diciembre). A. Mangas Martín. *El Mundo.*
      https://www.elmundo.es/opinion/2022/12/19/63a057b421efa0d31c8b45c0.html

Es como si el bloque conservador tuviera un vicio de origen o una especie de pecado original a los ojos progresistas y puros de sus adversarios. El colectivo conservador siempre estará lastrado por una infección «franquista», que según la izquierda le es congénita y estructural. En relación al origen democrático de los gobiernos de Sánchez, esto está fuera de discusión. Formalmente accedió al poder mediante las urnas y logró reunir una mayoría de gobierno aritméticamente impecable, otra cosa es que los pactos para alcanzar dicha mayoría se haya logrado mediante daciones y compromisos que desbordan las leyes o son compromisos de estado para los que el presidente del Gobierno no está facultado. Una amnistía o un referéndum de secesión, por ejemplo, son incompatibles con la letra y el espíritu de la Constitución de 1978.

## Ausencia de participación ciudadana

En una autocracia, los ciudadanos tienen sus derechos cívicos coartados, y el autócrata denegará o autorizará el ejercicio de los derechos amparados por la Constitución según su personal voluntad. El poder del que presume el autócrata es un poder que emana del pueblo y el líder asume sin intermediación alguna. Así se cumple el sintagma de «todo para el pueblo, pero sin el pueblo».

A este respecto, conviene recordar que en el año 2020 Pedro Sánchez decretó por dos veces el estado de alarma. Confinando a la población y cerrando el Parlamento, con la excusa de la epidemia del covid-19. El Tribunal Constitucional emitió, *a posteriori*, una sentencia en la que declaraba inconstitucionales ambos decretos de estado de alarma.

## Represión y violencia

Una de las formas más comunes de mantener el poder en una autocracia es la represión y la violencia contra cualquier forma de oposición o disidencia. El autócrata suele contar con el apoyo de las Fuerzas Armadas y Cuerpos de Seguridad, que actúan como instrumentos de coerción y control social.

Es necesario precisar, sobre este criterio, que los Gobiernos de Sánchez no han recurrido a la represión o la violencia física para acceder y mantenerse en el poder. Pero no es menos cierto que desde el Gobierno se ha tratado de instigar un enfrentamiento tenaz y dialécticamente violento con quienes no comulgan con sus postulados políticos. La extrema polarización entre bloques es una de las estrategias de poder para mantener la tensión y demonizar al contrincante político. Las políticas opacas del Gobierno se han generalizado hasta el punto de ningunear y silenciar el Portal de la Transparencia de la Administración del Estado. En las ruedas de prensa del Gobierno es habitual no admitir preguntas o no invitar a los medios no adictos. Con respecto al control de la sociedad civil, es famosa aquella intervención de un alto mando de la Guardia Civil que, en un lapsus, declaró que el Gobierno había requerido de las Fuerzas de Seguridad el control de la opinión ciudadana cuando esta era desfavorable al gobierno presidido por Sánchez. Por supuesto, el alto mando fue invitado a corregirse de inmediato.

## Corrupción e impunidad

Otra característica frecuente de las autocracias es la corrupción e impunidad de los gobernantes y sus allegados, que se aprovechan del poder para enriquecerse ilícitamente, cometer abusos y violaciones de los derechos humanos y acumular privilegios. Al no haber ningún tipo de control o fiscalización sobre sus actos, el autócrata y sus colaboradores gozan de inmunidad e inviolabilidad ante la ley. La ley de amnistía pactada por el PSOE con Puigdemont, es un claro ejemplo de corrupción política al mercadear la inmunidad a cambio de la inmunidad. El antecedente de esta corrupción política se materializó con la clamorosa reforma exprés del Código Penal, con motivo del apoyo prestado por un socio gubernamental a su investidura. Fue en pago al favor de ERC, que prestó su ayuda a la investidura de Sánchez a cambio de que este eliminara el delito de sedición, y alteró sustancialmente el delito de malversación, beneficiando con ello a los autores del golpe de estado de 2017 promovido en Cataluña. Previamente, Pedro Sánchez concedió el indulto a los condenados en firme por el Tribunal Supremo, a los inspiradores y perpetradores del mencionado golpe de estado. Con las mencionadas actuaciones, desautorizaba al alto tribunal que emitió las condenas y lo hizo contra la opinión razonada del mencionado tribunal. Se establecía así la plena impunidad de quienes se alzaron contra el Estado español y la integridad del territorio nacional y se abría el camino impune a los sucesivos intentos de destruir la democracia española.

Sobre el tema de la impunidad ante la ley y la inseguridad jurídica, típicas de un gobierno autocrático, conviene recordar que existe una cierta arbitrariedad respecto al cumplimiento de la ley y al acatamiento de las sentencias emanadas desde el poder judicial. La arbitraria y personal decisión del presidente Sánchez permite o no el cumplimiento de ciertas leyes y sentencias. Por ejemplo, en Cataluña hay leyes que se incumplen con total impunidad y sentencias de los tribunales que no son acatadas. La obligación de impartir en castellano una determinada fracción del currículo escolar es incumplida de manera reiterada. En cierto modo, podría pensarse que son los partidos nacionalistas catalanes los que se oponen al cumplimiento de la ley y de las sentencias, pero no deja de ser elocuente que el PSC se oponga al dictado de los tribunales de justicia, tal y como indica el supuesto beneficio que la inmersión lingüística reporta a los alumnos catalanes de lengua materna castellana y también la necesaria *desjudicalización* de la política. Con el término *desjudicializar* la política se quiere significar que la política no está sujeta a las leyes. La democracia liberal se distingue y destaca por ser el imperio de las leyes, ya que sin ley no cabe la libertad, ni la igualdad y aún menos la solidaridad. Es esta una de las obsesiones antidemocráticas del Gobierno de Sánchez que pretende, de manera arbitraria y por particular interés, saltarse la ley con la excusa del apaciguamiento e incluso con la treta de la obscena declaración de un presunto interés general. La amnistía que afectaría a Puigdemont y sus secuaces, se trata de justificar como un bien que propicia el apaciguamiento de la sociedad catalana, cuando hasta el más despistado de los ciudadanos es consciente de que dicha amnistía es una dación en pago de los votos que Sánchez precisaba, para repetir su mandato como presidente. Son estos manejos y estas trapacerías las que ponen en entredicho la bondad y el prestigio de la democracia española sujeta al arbitrio de un líder capaz de todo con tal seguir mandando.

# LA VIRTUD POR ACLAMACIÓN

Puestos de pie, todos aplauden con entusiasmo. En el centro de la escena esta «Él», que aparece entre humilde y modesto, como tratando de amortiguar el entusiasmo y la aclamación de los suyos. Es, sin duda, un gran día. Es el triunfo de la virtud sobre la reacción. Lo acaba de decir: «se trata de hacer de la necesidad virtud». Y no sé cómo, pero yo me he acordado de aquel Maximilien Robespierre, que la víspera de ser guillotinado, el 10 de Termidor, pronunció aquel bello discurso donde reivindicaba la «Virtud» republicana, con mayúscula. En medio de un espeso silencio que fue roto por una gran ovación declaró solemne: «La virtud sin el terror es impotente». La frase de Robespierre quedó grabada a fuego en la mente de todos los revolucionarios que habían de seguirle: Lenin, Stalin, Mao Zedong, Castro, Pol Pot, Chávez, Txapote y muchos más. Todos ellos hicieron buena la virtud que Robespierre reivindicó y que supuso la muerte en la guillotina de miles de personas, muchas de ellas obreros y campesinos, pero sobre todo fue un símbolo de ruptura total con el pasado absolutista y la monarquía. Robespierre había sido un firme partidario de la abolición de la pena de muerte, pero su percepción se modificó al asumir la obligación de defender la república de sus enemigos, llegando a considerar que estaba justificada, siempre y cuando el ejecutado fuese un «enemigo». Pero, perdón, me he ido por los cerros de Úbeda.

Regresemos a la sala de Ferraz donde tiene lugar la escena. Se trata de garantizar la permanencia de Sánchez en la Moncloa y todos parecen felicitarse de lo que parece un próximo triunfo de la virtud sobre el fascismo, encarnado por la derecha española. Pero no todos aplauden. Ni a Odón Elorza, *el Heterodoxo*, ni a Page les gusta una amnistía en pago a los siete votos que harán presidente a Sánchez. Una amnistía a delincuentes políticos que trataron de subvertir el orden constitucional y no cesan de repetir: *Ho tornarem a fer*. La amnistía supone una suerte de rendición del Estado de derecho español, pero todo sea por el triunfo de la virtud. Una virtud que no es otra que la permanencia de Sánchez en la Moncloa. Pero la virtud no puede declararse por aclamación, la virtud democrática la otorgan las urnas, las mismas que una y otra vez le han resultado esquivas a Sánchez.

El acto segundo, la segunda escena, del drama inicialmente representado en Ferraz durante el Comité Federal del PSOE tiene lugar en Bruselas, y uno no puede menos de acordarse de Velázquez y el cuadro que pintó sobre *La rendición de Breda*. En el famoso cuadro se ve a Justino de Nassau entregando las llaves de la ciudad rendida a Spínola, que representa a la corona española. Bruselas es el escenario al que Santos Cerdán ha acudido para hacer entrega de las llaves que liberan a Puigdemont de sus delitos. La escena carece de la grandiosidad y la belleza del cuadro de Velázquez y tiene lugar en un deprimente escenario, presidido por un cartel que representa el triunfo del *procés* sobre la democracia española. Puigdemont asiste entre divertido y complacido a la rendición y homenaje que Cerdán le ofrece. La escena de Bruselas representa el triunfo de la sedición sobre la democracia.

Ambas escenas se producen, sin solución de continuidad, con otra que el día 13 de octubre tuvo lugar en el Congreso de los Diputados, donde Pedro Sánchez recibió, satisfecho y sonriente a la delegación de EH Bildu, que venía a confirmarle sus votos de investidura. Tres escenas que algún día formarán parte de la leyenda negra de España.

Y, sin embargo, la amnistía pasará el filtro del Constitucional ya que no se trata de una mera acción mercantil del *sanchismo*: «te doy la amnistía a cambio de tus siete votos». No, no se trata de eso; como toda amnistía que se precie, significa la gracia que tan solo se otorga en el tránsito de un régimen a otro. Es por ello que es constitucional, porque el Gobierno de Sánchez es el fruto de la mutación que se ha operado en el seno del PSOE y en el marco constitucional de 1978, fruto de la Transición. Dicen que el que avisa no es traidor y lo cierto es que, al menos, en esta cuestión Sánchez no nos ha traicionado, ni mentido, y se atiene a lo prometido. Tal como predijo, desde que «Él» está al mando del PSOE y del gobierno progresista, hemos entrado en una nueva época y un nuevo régimen. Lo dejó por escrito en su *Manual de resistencia* y lo ha dicho de viva voz, siempre que ha tenido ocasión. Hierran, por lo tanto, quienes tachan de traidor a Pedro Sánchez. Él se ha limitado a cumplir su promesa. Promesa que hicieron suya sus secuaces. Poco a poco, decreto a decreto, ley a ley, el sistema constitucional de 1978 ha mutado a una democracia iliberal, donde la «decisión» y la voluntad del líder están por encima de la ley. Todos los anclajes de nuestro sistema constitucional han padecido la usura de la decisión y la ambición sin freno del líder. Él es quien dice en qué consiste la virtud, designa el devenir de la historia y nos indica el lugar que nos corresponde a quienes no comulgamos con sus designios: la *fachoesfera*. Si Robespierre pensaba que la virtud sin el terror es impotente, Pedro Sánchez piensa que la virtud sin el progreso es inane. El problema es que el progreso lo encarna «Él», en exclusiva. Él es la *virtù* en el significado que Maquiavelo dejó escrito.

La virtud *sanchista* hay que entenderla en su acepción maquiavélica, que no hemos de confundir con la virtud cristiana, que Maquiavelo consideraba como decadente y débil. La *virtù* en Maquiavelo es un concepto que se refiere a la capacidad de actuar con eficacia, inteligencia y valor para lograr los fines políticos. La *virtù* es un concepto clave en el pensamiento político de Maquiavelo, que se refiere a la capacidad del gobernante para actuar con eficacia, valor, resolución e inteligencia en las circunstancias cambiantes de la fortuna. La *virtù* no tiene una connotación moral, sino funcional, es decir, solo sirve para llevar a cabo las acciones necesarias para conseguir el éxito y el poder. La *virtù* es propia del hombre que sabe adaptarse a la realidad, que tiene una visión clara de sus fines y que no se deja dominar por los prejuicios o las pasiones. La *virtù* para Maquiavelo es, en definitiva, el arte de gobernar.

No hemos de menospreciar a Pedro Sánchez cuando invoca la virtud en su sentido maquiavélico, al verse ante la «necesidad» de recurrir a todo tipo de astucias, desmentidos y cambios de opinión con la finalidad de conservar el poder, incluso renegando de las virtudes ciudadanas como la veracidad, la prudencia, la justicia y la razón de estado con tal de perseverar en la Moncloa. Cuando el poder por el poder se convierte en el único objetivo y guía del gobernante, poco o nada importa la virtud en su sentido más usual. Cuando la *virtù* (maquiavélica) prevalece sobre la virtud (ciudadana y democrática) todo cambia de sentido y los valores democráticos son subvertidos y el «estado de mendacidad» se convierte en «normalidad tóxica».

Pedro Sánchez se ha interesado por lo que la historia dirá a su respecto, pero conviene tener en cuenta lo que Maquiavelo pensaba en este sentido. Distinguía entre la fama y la gloria del político. La fama es buena o mala y la historia es esquiva para con ella, la gloria, sin embargo, es la coronación de la *virtù*, es su recompensa. Pero no siempre se alcanza. La energía, la fuerza, la inteligencia, la intrepidez y la astucia en que consiste la virtud no siempre logra alcanzar la gloria, porque a veces la fortuna frustra todos los planes. Y también es posible alcanzar el poder, tener éxito en lo proyectado y no lograr por ello la gloria, cosa que sucede cuando no se pretende el bien común sino el provecho personal.

Como colofón al presente epígrafe, no seré yo quien afirme que España es una autocracia en la que un autócrata, Pedro Sánchez, dicta su ley, pero he de reconocer que los criterios habitualmente utilizados para tipificar a una autocracia tienen fácil acomodo en esta España actual, gobernada por un gobierno progresista y amante de la *virtù*. *Virtù* que en ningún caso es equiparable a las virtudes republicanas de una democracia liberal ni al Estado de derecho. A lo más que me atrevo a decir es que la democracia *sanchista* tiene un fuerte sesgo personalista, por no decir, cesarista. El calificativo que, a mi modo de ver, mejor le conviene al régimen establecido por Pedro Sánchez es el de **socialpopulismo**. Un régimen en el que se utiliza la máscara del «escudo social», para instaurar los modos políticos del populismo.

# — II —
## *Narcisismo y política*

### EL YO Y LAS CIRCUNSTANCIAS

La feliz definición de Ortega y Gasset cuando describió la condición humana como la unidad del «Yo soy yo y mis circunstancias» (*Meditaciones del Quijote*), es una de las observaciones más pertinentes sobre el ser humano. Ortega y Gasset argumentaba su idea basándola en una anécdota que le sucedió al filósofo griego Heráclito: estando este en la cocina, fueron sus discípulos a visitarle y se sintieron azorados al verle en esas circunstancias, en la cocina, por lo que Heráclito les respondió: «Pasad aquí, pues también están los dioses». Desconocemos si Teresa de Jesús conocía la anécdota de Heráclito cuando afirmó que Dios también se encontraba entre los pucheros y las cazuelas. Pero lo cierto es que Ortega no concibe al hombre sin su contexto y circunstancia, sin las relaciones con el entorno tanto físico, humano, como político y cultural. Yo soy yo, pero también mis circunstancias, que no dependen solo de mí. Soy mi circunstancia configurada por el código genético que he heredado, la familia que es mi primer entorno, la clase social en la que me incluyo, la nación en la que vine al mundo y el régimen político que me cupo en suerte. Soy todo ello, pero de entre todas mis circunstancias hay una que determina mi vida e incluso mi manera de estar en el mundo, y esa circunstancia no es otra que la Política, con mayúscula. La Política es todo el entramado institucional, legal e ideológico que influye en mi manera de mirar la realidad y condiciona el desarrollo de mi personalidad. En el vértice de la Política se sitúan los políticos y muy en especial el que dirige y preside la gobernanza de todos. Es el líder, el presidente o como quiera que se llame, quien dirige el entramado del poder e influye en nuestras vidas. Aunque parezca una hipérbole exagerada, cabría afirmar que cada uno es «él y su circunstancia política» e incluso, desde una algo provocativa, se podría afirmar que cada cual es «él y su soberano», entendiendo por tal a quien ocupa el primer lugar en la jerarquía política.

Situarse, inicialmente, en la perspectiva orteguiana, interesa por el contraste que nos ofrece con la visión marxista, según la cual la identidad personal queda subordinada a la realidad material que conforma la colectividad humana. El hombre, según Marx, es el producto de las relaciones de producción y todo en él nos remite a la economía como última instancia que determina lo que somos. La concepción de Ortega y Gasset, sin embargo, nos remite a la realidad dual que es el hombre. Efectivamente, el hombre es su circunstancia, pero es, también, su mismidad configurada por las emociones, los sentimientos y el pensamiento que nos hacen singulares. Cuando Aristóteles definió al hombre como *zoon politikon* (animal político), era consciente de la trascendencia de la política como parte estructural y genuina del ser humano. Era sabedor de que el hombre es inseparable de la condición política desde la que emerge como ser religado a su soberano.

La palabra «religar» se la debemos al vasco Xabier Zubiri que la patentó como relación estructurante del ser humano. Zubiri pensaba en Dios al utilizar el término religar, pero no creo errar si en lugar de Dios situamos al humano soberano, presidente o líder a quien estamos indefectiblemente religados. Es por ello que la condición humana y la manera de ser y actuar del soberano —o del líder— importa y mucho, ya que, de algún modo, somos su subproducto y avatar, entendido este como su vicisitud. Los humanos somos acontecimientos, vicisitudes de la política. Pero dejémonos de honduras y florituras para afirmar que la condición del soberano afecta a nuestras vidas, tanto o más que los ciclos económicos, las relaciones de producción o las mutaciones climáticas.

Por «soberano» entendemos a quien manda en nosotros, a quien tiene capacidad para alterar nuestras vidas, a quien se sitúa en la cúpula del poder condicionando de arriba a abajo nuestras vidas. El soberano puede estar en la cúpula de modo legítimo, es decir cuando ha ascendido al poder mediante métodos democráticos. Pero también puede ocurrir que quien se sitúa en la cúpula lo haga de manera ilegítima al no haber accedido a la misma de manera democrática. Pero lo cierto es, que legítimo o no, quien manda sobre nosotros y tiene los medios para obligarnos a cumplir sus deseos, forma parte de nuestra identidad a la que no podemos sustraernos, ya que el «soberano» forma parte de nuestra inevitable circunstancia. Es decir, quienes nacimos y vivimos bajo la dictadura de Franco, sobrevivimos supeditados a él mientras el dictador formaba parte de nuestra identidad sobrevenida, a pesar de la ilegitimidad de su poder. Del mismo modo, ya en democracia, Adolfo Suárez se constituyó en parte estructural de nuestra identidad de manera legítima y asumida por nosotros. Tanto Franco como Suárez se convirtieron en elementos estructurantes de nuestro yo. De manera ilegítima el primero y legítimamente el segundo, pero ambos formaron parte de mi yo.

Esta larga, y tal vez algo confusa, reflexión obedece al propósito de subrayar la importancia que para toda persona reviste la circunstancia política de cada cual. Teóricamente, la política debería estar al servicio del ciudadano y su finalidad es la de procurar un entorno propicio al logro de la felicidad de cada cual. Procurar el logro de la felicidad es un deber moral del gobernante y su obtención debe estar regulada por políticas ajustadas a la ley democrática. En la historia de las constituciones modernas la felicidad se sitúa entre los objetivos prioritarios de la política.

## LA FELICIDAD PERSONAL COMO FINALIDAD POLÍTICA

En el SIGLO XVIII, con la Ilustración no sólo se aspiraba a la conquista del conocimiento y del saber, sino también a la conquista de la felicidad. Thomas Jefferson y Benjamin Franklin consagraron la felicidad en el párrafo segundo de la Declaración de Independencia estadounidense. Se recogía en este texto que todos los hombres habían sido creados por Dios, a su imagen y semejanza, como seres iguales y dotados de unos derechos inalienables entre los que se encontraban la vida, la libertad y la búsqueda de la felicidad.

Así mismo, en la Declaración de Derechos del Hombre y del Ciudadano de agosto de 1789, en su preámbulo se recogía textualmente la expresión la «felicidad de todos», vinculada a la declaración solemne de los derechos naturales, inalienables y sagrados del hombre.

En la Constitución de Massachusetts de1780, en su artículo tercero, aparece la felicidad en dependencia de la piedad, la religión y la moralidad. En la Constitución francesa de 21 de junio de 1793 se establece que: «El fin de la sociedad es la felicidad común».

También en las primeras constituciones de la América hispana, la obtención de la felicidad se inscribe entre los objetivos de la política democrática. En la Constitución colombiana de 1811 se habla de «felicidad pública» en su preámbulo. «Promover la felicidad» es el objetivo primordial que se señala en la Constitución de Perú en 1823.

Entrado ya el SIGLO XX, tras la Segunda Guerra Mundial, en las Constituciones de Corea del Sur y de Japón, la felicidad está consagrada respectivamente como un derecho inherente a cada individuo y a la sociedad.

En lo que respecta a España, encontramos la felicidad plasmada en la Constitución de Bayona de 1808, jurada por José I, e inspirada en el modelo de Estado constitucional bonapartista. En su artículo 6, en relación a la fórmula de juramento del rey, se establece finalmente: «gobernar solamente con la mira del interés, de la felicidad y de la gloria de la nación española».

Pero es en la Constitución de Cádiz donde encontramos la referencia más explícita y completa a la felicidad. En efecto, en la Constitución de 1812, en el artículo 13 se establecía que: «El objeto del Gobierno es la felicidad de la nación, puesto que el fin de toda sociedad política no es otro que el bienestar de los individuos que la componen».

Desafortunadamente, en nuestra Carta Magna de 1978 no encontramos ningún precepto semejante al artículo 13 de la Constitución gaditana de 1812. Sin embargo, se halla implícito en el espíritu de nuestra Carta Magna, donde se explicitan con claridad las metas y preceptos que establecen que el objetivo de los poderes públicos es el bienestar de los ciudadanos.

Es obvio que la felicidad es inalcanzable sin la libertad y las leyes; todas las constituciones que hemos mencionado establecen las leyes encaminadas a tal fin. Sin ley no cabe la democracia y es que, como escribe Félix Ovejero: «La ley no es un límite a la libertad, sino su máxima garantía. La ley impide al criminal imponer su voluntad o al poderoso actuar despóticamente»[20].

La felicidad requiere de la libertad personal y la autonomía precisa para poder decidir. Sin libertad y autonomía, son las circunstancias las que predominan en la identidad propia. En un régimen dictatorial o autocrático la felicidad de las personas no depende de sí misma, sino que está mediatizada por la circunstancia alegal o la ilegitima de quien nos gobierna despóticamente.

Si la identidad de la persona lo configuran las circunstancias, es fundamental en orden a alcanzar la felicidad personal que dichas circunstancias, y en concreto la circunstancia política, sean democráticas, es decir sometidas a la ley democrática otorgada por todos. Las circunstancias políticas varían, y mucho, dependiendo del tipo de gobernante que genera nuestra circunstancia personal No es lo mismo que quien nos gobierne sea una persona inteligente, prudente, equilibrada, previsible y empática o, por el contrario, sea una persona despótica, arbitraria, insolidaria y poco empática la que interfiera en nuestras vidas. No es lo mismo estar gobernados por Barack Obama o Donald Trump, por ejemplo.

## BUENOS Y MALOS GOBERNANTES

Tanto Obama como Trump eran dos gobernantes elegidos democráticamente, pero ambos difieren sustancialmente en cuanto a su personalidad y su manera de gobernar. Los dos estuvieron al frente de una democracia consolidada que durante dos siglos ha alumbrado el camino de muchas naciones. Ambos son personas dotadas que poseen una gran ambición, ya que sin ella no hubieran alcanzado la máxima magistratura de EE. UU.; sin ambición jamás hubieran alcanzado a ser presidentes. Toda persona ha de poseer un cierto caudal de ambición para progresar en la vida y cimentar su autoestima, pero la ambición desmedida puede generar auténticos depredadores, que provocan la infelicidad de quienes tienen el infortunio de verse sometidos a su arbitraria personalidad.

---

20   *Contra Cromagnon: nacionalismo, ciudadanía y democracia.* F. Ovejero. Montesinos (2006), p. 82.

Barack Obama fue un presidente que cometió errores y pecó por omisión al encarar distintos problemas, pero fue un presidente prudente y previsible que evitó la polarización política y gobernó con exquisito respeto a la división de poderes, y al finalizar su mandato realizó un impecable traspaso de poderes. Barck Obama tiene una personalidad normal y equilibrada. Su paso por la política no causó mayores males e intentó mejorar las condiciones de vida de los más necesitados. Procuró corregir la infelicidad de algunos y fue empático con la mayoría, pese a que no colmara todas las expectativas que en él se depositaron.

Donald Trump, por el contrario, gobernó con claro sesgo autocrático. Intentó colonizar el poder judicial e invadió competencias de los ámbitos legislativo y judicial. Ejerció un despotismo de rasgos populistas y se esforzó en polarizar la sociedad americana. Al final de su mandato se resistió al traspaso de poderes y alimentó la falacia de que había ganado las elecciones. Donald Trump es un ejemplo paradigmático de trastorno de personalidad narcisista. Su paso por la política fue devastador para el común de los ciudadanos americanos. Provocó la infelicidad de muchos.

Los gobernantes constituyen una de nuestras más importantes «circunstancias». El buen gobernante puede aportarnos algo de felicidad, seguridad y bienestar, mientras que el mal gobernante impedirá que seamos felices al tener que soportar sus improvisaciones y arbitrariedades. Donald Trump produjo una involución en la democracia americana y ello contribuyó a la inestabilidad y la desazón en las vidas de los ciudadanos, incluso de aquellos que le votaron. Definitivamente, Donald Trump fue un mal gobernante y todavía hoy los ciudadanos americanos y del mundo entero nos preguntamos: ¿cómo alguien como Trump pudo llegar a la presidencia de EE. UU., primera economía del mundo y modelo democrático desde su fundación a finales del SIGLO XVIII? La posible respuesta es que Trump embaucó y engañó a millones de ciudadanos americanos, que creyeron ver en él la solución a la crisis omnipresente y a la angustia provocada por los brutales cambios que afectan al mundo de la economía, la cultura, la ecología, la ciencia y al modo de vida al que nos habíamos habituado. Y si nos referimos a los gobernantes y no a los gobiernos, es porque de modo cuasi general, son las cabezas de los gobiernos, los líderes que presiden los gabinetes gubernamentales, quienes marcan las políticas y cobran protagonismo debido al sesgo populista que han adquirido los gobiernos del mundo. El populismo, en efecto, ha ganado terreno en el ámbito de la política, y los líderes, carismáticos o no, han infeccionado las democracias.

Basta con recordar el influjo que determinadas personalidades políticas han adquirido en Hungría, Polonia, Italia, Turquía o España para constatar la primacía de los líderes sobre los sistemas. Es en los mencionados países donde, precisamente, la democracia está sufriendo tensiones y deterioros que hacen temer un fortalecimiento de las políticas de signo personalista, por no decir autocráticas. La tendencia a invadir competencias de los diversos poderes del Estado, el fortalecimiento del poder ejecutivo en detrimento del Parlamento, así como la opacidad de las tomas de decisión, constituyen rasgos comunes de un populismo cada vez más explícito. A todo ello contribuye la mediocridad de la clase política que mira más por sus intereses estamentales que por el interés general. La apelación al «pueblo» o la «gente» como instancia final de la legitimidad política es otra de las características de la deriva populista. La mayoría de los desafíos que ha de afrontar la política requieren de dilatados plazos, y los gobernantes renuncian a abordarlos por miedo a las consecuencias impopulares que puede derivarse de la toma de decisiones. Los líderes obvian los problemas de fondo para situarse en el día a día de una política espectáculo que tiene como meta el resultado electoral que los mantenga en el poder.

Este contexto viciado por el populismo e infeccionado por el más pedestre de los pragmatismos contribuye al desprestigio de la política y de los políticos, que tratan de capear su mala reputación a base de una política clientelar de subvenciones y subsidios que incrementan la deuda pública de los estados, fragilizando sus economías. Este sombrío panorama es, en parte, debido a las diversas crisis de dimensiones planetarias que se han convertido en sistémicas. El cambio climático, el empleo escaso y mal remunerado, las enormes deudas perpetuas contraídas por los Estados, la inestabilidad mundial como telón de fondo, la escasez de las materias primas, los intensos flujos migratorios y la pugna por la primacía entre bloques enfrentados, propician la aparición de liderazgos populistas, tanto a la derecha como la izquierda del espectro político. Liderazgos sin otro soporte que el narcisismo extremo de sus protagonistas.

La identidad ontológica y constitutiva del yo y sus circunstancias padece en estas circunstancias un deficiente clímax que no ayuda a la construcción personal, ni al sentido que cabe dar a las biografías personales. En un mundo confuso donde aventureros de la política porfían por mantenerse al mando, pese a quien pese y caiga quien caiga, la conquista de la felicidad se ha vuelto en una tarea privada y difícil. El ámbito de lo público nos afecta de manera determinante, pero en el contexto actual supone una rémora a nuestras expectativas existenciales y morales. Gran parte de la culpa lo tienen los gobernantes convertidos en narcisos solipsistas, que no otean más realidades que las del espejo donde se miran. Un espejo trucado que da pábulo a su fantasía narcisista.

Marie-France Hirigoyen, psicoanalista y socióloga de reconocida reputación, publicó en el año 2019 un ensayo luminoso con el título de *Les narcisses*, que al año siguiente se tradujo al español con el título de *Los narcisos han tomado el poder*. En dicha obra Hirigoyen expone y concreta la pandemia narcisista que nos afecta. Su análisis actualiza el trabajo fundamental de Christopher Lasch, publicado el año 1979 con el título *The culture of Narcissism: American life in an Age of Diminishing Espectations*, que ha sido tardíamente traducido y publicado en España en el año 2023 con el título *La cultura del narcisismo. La vida en una era de expectativas decrecientes*. El libro de Lasch tuvo un enorme éxito y obtuvo el premio *National Book Award* de 1980. Lasch acertaba con su retrato de la sociedad americana y predijo no pocos acontecimientos y cambios culturales que han acontecido en los últimos cincuenta años. Con la palabra «narcisismo», Lasch puso nombre a toda una cultura que ha devenido en la decadente crisis sistémica que ha afectado no solo a los Estados Unidos de América, sino a toda la civilización occidental.

Marie-France Hirigoyen ha actualizado y completado con su obra el diagnóstico de la sociedad postmoderna que tiene en el narcisismo una de sus señas de identidad. Experta en Psiquiatría y Sociología, centra su trabajo en el análisis y la descripción del denominado Trastorno de Personalidad Narcisista (TPN) y toma como ejemplo paradigmático de dicho desorden, psíquico y cognitivo, al expresidente Donald Trump. Lo más interesante de su estudio es la descripción de un método de trabajo que nos permitirá analizar el perfil psicológico y la personalidad pública de algunas relevantes figuras históricas y actuales.

Pero antes de iniciar la descripción y el análisis de las personalidades mencionadas, conviene que definamos lo que entendemos por narcisismo y establezcamos la metodología que justifica y guía nuestro trabajo.

## EL MITO DE NARCISO

La versión más conocida del mito de Narciso es la que Ovidio incluye en sus *Metamorfosis*. Reproducimos, a continuación, el contenido de los 171 versos en versión de su traductora Ana Pérez Vega:

> El adivino Tiresias daba a quien se las solicitaba profecías verdaderas. La primera de estas la recibió Liriope, ninfa que tuvo, de su forzado ayuntamiento con el río Cefiso, un niño a quien puso por nombre Narciso. Habiendo preguntado si este habría de llegar a viejo, el vate le contestó: «Si no se conociere». El tiempo vino a darle razón.
>
> Cuando Narciso cumplió los dieciséis años, fue pretendido por muchos jóvenes y muchachas, y a todos se negó. En una ocasión en que cazaba, lo miró una ninfa locuaz, que nunca habló antes que otro, ni pudo callar nunca después que otro hablara: Eco, quien aún ahora devuelve las últimas palabras que escucha. Juno había hecho que eso le ocurriera como castigo por distraerla con largas pláticas mientras Júpiter la engañaba yaciendo con las ninfas. La diosa, al caer en la cuenta de lo que ocurría, le redujo el uso de la voz a devolver los sonidos extremos de las voces oídas.
>
> Vio, pues, Eco a Narciso vagando por el campo, y al instante ardió de amor y lo siguió a hurtadillas, y más lo amaba cuanto más lo seguía; pero nunca pudo hablarle primero, porque su naturaleza se lo impedía, y hubo de esperar a que él comenzara. Y esto ocurrió, porque alguna vez que se había apartado de sus compañeros, Narciso preguntó en alta voz quién estaba presente, y Eco repitió esta última palabra. Pasmado al oírla, Narciso gritó: «Ven», y ella le contestó con la misma voz. Engañado, el joven siguió hablando, y llegó a decir: «¡Juntémonos!». Contestó Eco con la misma palabra, y salió de la selva dispuesta a abrazarlo.
>
> Huye Narciso, y habla: «Moriré antes que tengas poder sobre nosotros», y ella, tras repetir las últimas cuatro palabras, vuelve a

ocultarse en las selvas, cubre su rostro con follaje, y desde entonces habita en grutas solitarias.

Más aún: dolida por el rechazo de que fue objeto, ama todavía con mayor intensidad, y su cuerpo enflaquece y pierde todo jugo, y es ya solamente huesos y voz, y luego nada más que voz; sus huesos se hicieron piedra. Un sonido, que todos pueden oír, es cuanto de ella permanece.

Como a Eco, había despreciado el joven a otras ninfas y jóvenes. Alguien de los despreciados rogó al cielo que, por justicia, él llegara a amar sin poder adueñarse de lo que amara. Y Temis asintió al ruego tal.

Junto a una fuente clara, no tocada por hombre ni bestias ni follaje ni calor de sol, llega Narciso a descansar; al ir a beber en sus aguas mira su propia imagen y es arrebatado por el amor, juzgando que aquella imagen es un cuerpo real; queda inmóvil ante ella, pasmado por su hermosura: sus ojos, su cabello, sus mejillas y cuello, su boca y su color. Y admira cuanto es en él admirable, y se desea y se busca y se quema, y trata inútilmente de besar y abrazar lo que mira, ignorando que es solo un reflejo lo que excita sus ojos; solo una imagen fugaz, que existe únicamente porque él se detiene a mirarla.

Olvidado de comer y dormir, queda allí inamovible, mirándose con ansia insaciable, y quejándose a veces de la imposibilidad de realizar su amor, imposibilidad tanto más dolorosa cuanto que el objeto a quien se dirige parece, por todos los signos, corresponderle. Y suplica al niño a quien mira que salga del agua y se le una, y, finalmente, da en la cuenta de que se trata no más que de una imagen inasible, y que él mismo mueve el amor de que es víctima. Anhela entonces poder apartarse de sí mismo, para dejar de amar, y comprende que eso no le es dado, y pretende la muerte, aunque sabe que, al suprimirse, suprimiría también a aquel a quien ama.

Llora, y su llanto, al mezclar el agua, oscurece su superficie y borra su imagen, y él le ruega que no lo abandone, que a lo menos le permita contemplarla, y, golpeándose, enrojece su pecho. Cuando el agua se sosegó y Narciso pudo verse en ella de nuevo, no resistió más y comenzó a derretirse y a desgastarse de amor, y perdió las fuerzas y el cuerpo que había sido amado por Eco.

Sufrió ésta al verlo, aunque estaba airada todavía, y repitió sus quejas y el sonido de sus golpes. Las últimas palabras de Narciso lamentaron la inutilidad de su amor, y Eco las repitió, como repitió el adiós último que aquél se dijo a sí mismo. Murió así Narciso, y, ya en el mundo infernal, siguió mirándose en la Estigia. Lo lloran sus hermanas las náyades, lo lloran las dríadas, y Eco responde a todas. Y ya dispuestas a quemar su cuerpo para sepultarlo, encuentran en su lugar una flor de centro azafranado y pétalos blancos.[21]

Hasta aquí la versión romana de Narciso, pero existe otra en la mitología griega, anterior a Ovidio que, aunque más breve, es básicamente igual a la romana, pero tiene una diferencia importante con respecto al que figura en *La Metamorfosis*. La diferencia se refiere al sexo de quienes se enamoran de Narciso, en el mito romano se habla de las muchachas que se enamoran de él y son rechazadas, pero en la versión griega son los muchachos quienes, también, se enamoran de Narciso. Así como en el mito romano el protagonismo le corresponde a la ninfa Eco, en la versión griega será el cazador Aminias quien se enamora de Narciso y es rechazado. Tras su rechazo, Narciso regala al cazador una espada, con la que Aminias pone fin a su vida. La diosa Némesis hizo que Narciso se enamorara de su propio reflejo al contemplarse en las aguas de un estanque. Incapaz de poder besarse a sí mismo y tener aquello que tanto deseaba, se quitó la vida con su propia espada. En el lugar en donde murió, nació la hermosa flor del narciso.

De la versión griega conviene retener la homosexualidad que denota el mito, así como la espada, símbolo fálico por excelencia, que Narciso regala a Aminias. La homosexualidad que se refleja en el mito helénico será un elemento que tener en cuenta, dada la importancia que reviste en el primer acercamiento de Freud al narcisismo.

## FREUD Y EL DOBLE NARCISISMO

Sigmund Freud, el fundador del psicoanálisis, introdujo y desarrolló el concepto de narcisismo en su obra *Introducción al narcisismo* (1914), donde distinguió entre el narcisismo primario y el narcisismo secundario.

El narcisismo primario designa un estado precoz en el que el niño dirige toda su libido hacia sí mismo, sin diferenciar entre el yo y el

---

21    *Metamorfosis. Libro III.* Ovidio. Biblioteca Virtual Miguel de Cervantes, 2002.

mundo externo. Es una fase necesaria para el desarrollo del yo y para la posterior elección de objetos de amor. El narcisismo primario se corresponde con la creencia en la omnipotencia de los pensamientos y con la satisfacción de las necesidades mediante la alucinación. Freud lo consideró como un estado original que precede al autoerotismo y que se basa en la vida intrauterina.

El narcisismo secundario, por su parte, designa un estado posterior en el que el yo retira su libido de los objetos externos y la vuelve a dirigir hacia sí mismo, como en el periodo inicial del narcisismo primario. Este fenómeno puede ocurrir por diversas causas, como la frustración, el desengaño, la enfermedad o la vejez. El narcisismo secundario se manifiesta en ciertas patologías, como la esquizofrenia, donde el sujeto se aísla de la realidad y se refugia en un mundo fantástico.

Freud no se ocupó del narcisismo en su vertiente social, es decir, sobre las graves carencias del individuo narcisista en su relación con los otros. Será Lacán quien pondrá el acento en la implicación negativa del narcisismo en relación a la alteridad. La Psiquiatría americana, en la década de los setenta, dará un impulso nuevo y sugestivo al estudio de las derivaciones y consecuencias del trastorno de la personalidad narcisista. Christopher Lasch será quien más y mejor acertará a la hora de describir la cultura del narcisismo, que es la nuestra.

## EL TRASTORNO DE LA PERSONALIDAD NARCISISTA

El trastorno de la personalidad narcisista es un patrón de comportamiento caracterizado por una excesiva admiración de sí mismo, una falta de empatía hacia los demás y una necesidad constante de atención y admiración. Las personas con este trastorno suelen tener una autoestima muy frágil, una gran sensibilidad a la crítica y una tendencia a explotar o despreciar a los demás para sentirse superiores.

El trastorno de la personalidad narcisista fue formulado explícitamente por primera vez por dos autores provenientes del modelo psicoanalítico: Otto Kernberg y Heinz Kohut. Ambos contribuyeron enormemente a la comprensión de la personalidad narcisista, aunque desde perspectivas diferentes.

Otto Kernberg (1918-2021) fue un psicoanalista estadounidense de origen austriaco que se especializó en el estudio y tratamiento de los trastornos de personalidad. Kernberg propuso que el trastorno de la personalidad narcisista se debe a una falla en la integración del yo, que impide la formación de una identidad coherente y estable. Según Kernberg, las personas con este trastorno tienen un yo fragmentado, compuesto por partes idealizadas y denigradas, que se alternan según las circunstancias. Estas partes se proyectan sobre los objetos externos, creando relaciones marcadas por la idealización y la devaluación. Kernberg denominó a este fenómeno como «identificación proyectiva» y lo consideró como un mecanismo de defensa primitivo que busca mantener la cohesión del yo frente al vacío interno.

Kernberg describió al trastorno de la personalidad narcisista como un tipo de organización fronteriza de la personalidad, situada entre la neurosis y la psicosis. Para Kernberg, las personas con este trastorno tienen un funcionamiento mental que oscila entre el nivel neurótico, donde hay cierta capacidad para reconocer la realidad y las emociones propias y ajenas, y el nivel psicótico, donde hay una distorsión grave de la realidad y una escisión entre el amor y el odio.

Heinz Kohut (1913-1981) fue un psicoanalista estadounidense de origen húngaro que se dedicó al estudio del narcisismo desde una perspectiva más empática y humanista. Kohut fue el fundador de la Psicología del *self*, que es una corriente dentro del psicoanálisis que enfatiza la importancia del desarrollo del *self* o sí mismo como núcleo de la personalidad. Kohut definió al *self* como una subestructura del yo que refleja la integración de todas las autoimágenes o auto representaciones que se desarrollan a lo largo de todas las interacciones del individuo con los otros.

Kohut explicó que el trastorno de la personalidad narcisista es un trastorno del desarrollo infantil normal, causado por una falta de respuesta adecuada por parte de los padres u otras figuras significativas. Según Kohut, las personas con este trastorno no han recibido suficiente empatía, validación y admiración en su infancia, lo que les ha impedido formar un *self* cohesinado y realista. En su lugar, han desarrollado un *self* falso o grandioso, que busca compensar la falta de autoestima y el vacío interno con una exagerada autoimportancia y una demanda constante de atención y reconocimiento.

Kohut distinguió entre dos tipos de trastorno narcisista: el narcisismo exhibicionista y el narcisismo oculto. El narcisismo exhibicionista se caracteriza por una actitud arrogante, presumida y desafiante, que busca impresionar y dominar a los demás. El narcisismo oculto se caracteriza por una actitud tímida, modesta y sumisa, que busca agradar y complacer a los demás. Ambos tipos comparten una profunda inseguridad, una gran sensibilidad al rechazo y una falta de empatía.

## CARACTERÍSTICAS CLÍNICAS DEL TRASTORNO NARCISISTA DE PERSONALIDAD

El trastorno de personalidad narcisista se caracteriza por un patrón de comportamiento que implica una excesiva autoestima, una necesidad constante de admiración y una falta de empatía hacia los demás. Las personas con este trastorno suelen tener dificultades para mantener relaciones interpersonales satisfactorias, ya que tienden a sobrevalorar sus capacidades y logros, y a despreciar o explotar a los demás. Además, suelen ser muy sensibles a las críticas y pueden reaccionar con ira, vergüenza o humillación cuando se sienten amenazados o rechazados.

Las características clínicas del trastorno de personalidad narcisista se pueden agrupar en cuatro dimensiones principales:

- Grandiosidad: Se refiere a la tendencia a sentirse superior a los demás, a creer que se tiene un destino especial o una misión única, y a exigir un trato preferencial. Las personas con esta dimensión suelen mostrar una actitud arrogante, presumida y despectiva hacia los demás, y pueden tener fantasías de éxito, poder, belleza o amor idealizado. También pueden exagerar sus logros o talentos, y atribuirse el mérito de las acciones de otros.
- Vulnerabilidad: Se refiere a la tendencia a experimentar sentimientos de vacío, insatisfacción, envidia, celos o inferioridad. Las personas con esta dimensión suelen tener una baja autoestima y una alta dependencia de la validación externa. También pueden ser muy susceptibles a las críticas o al fracaso, y pueden reaccionar con rabia, vergüenza o humillación cuando se

sienten heridos o desafiados. A menudo buscan la atención y la admiración de los demás para compensar su inseguridad.

- Explotación: Se refiere a la tendencia a utilizar a los demás para obtener beneficios personales, sin tener en cuenta sus sentimientos o necesidades. Las personas con esta dimensión suelen mostrar una falta de empatía y de remordimiento, y pueden manipular, engañar, mentir o traicionar a los demás para conseguir lo que quieren. También pueden ser muy egoístas y exigentes, y esperar que los demás cumplan con sus deseos sin cuestionarlos.
- Aislamiento: Se refiere a la tendencia a evitar la intimidad emocional y el compromiso con los demás, debido al miedo al rechazo o al abandono. Las personas con esta dimensión suelen mostrar una actitud fría, distante e indiferente hacia los demás, y pueden tener dificultades para expresar sus sentimientos o para reconocer los de los demás. También pueden ser muy desconfiados y paranoides, y creer que los demás les envidian o les quieren hacer daño.

Las causas del trastorno de personalidad narcisista no están claras, pero se cree que intervienen factores biológicos, psicológicos y sociales. Algunos posibles factores de riesgos son:

- Una predisposición genética o hereditaria.
- Un desequilibrio en los niveles de ciertos neurotransmisores cerebrales, como la serotonina o la dopamina.
- Una historia de trauma infantil, como el abuso físico, sexual o emocional, el abandono o la negligencia.
- Una educación familiar disfuncional, como el sobre proteccionismo, el autoritarismo o la inconsistencia.
- Una influencia social negativa, como el culto a la imagen, el consumismo o el individualismo.

El pronóstico del trastorno de personalidad narcisista depende de varios factores, como la gravedad de los síntomas, el grado de conciencia del problema, la motivación para el cambio, el apoyo social y el cumplimiento del tratamiento. En general, se trata de un trastorno difícil de tratar, ya que las personas que lo padecen suelen resistirse a reconocer sus dificultades y a aceptar ayuda profesional.

# SOCIOLOGÍA DEL NARCISISMO

El narcisismo ha sido tratado desde diversas disciplinas, como la Psicología, la Psiquiatría, la Filosofía, la Literatura y la Sociología. Desde esta última perspectiva, el narcisismo se puede analizar como un fenómeno social y cultural, que refleja las características y los valores de una determinada época o sociedad. Christopher Lasch llega a afirmar que el narcisista es el auténtico perfil de la sociedad actual. Exponemos a continuación la mención de tres expertos que desde la Sociología y la Historia se han aproximado al narcisismo:

## Christopher Lasch

Fue un historiador y sociólogo estadounidense que destacó por su crítica social y moral de la cultura y la política de su país. Nació en Omaha, Nebraska, el 1 de junio de 1932. Estudió en las universidades de Harvard y Columbia y donde fue profesor en las universidades de Iowa y Rochester.

Lasch se interesó por la historia de la familia, el feminismo, la clase obrera y los movimientos populares. Fue influenciado por autores como Karl Marx, Sigmund Freud, la Escuela de Frankfurt, Jacques Ellul y Ralph Waldo Emerson. Su pensamiento evolucionó desde un neo marxismo crítico del liberalismo de la Guerra Fría hasta un conservadurismo cultural con una visión crítica del capitalismo. Su obra más famosa es *La cultura del narcisismo* (1979), donde analiza el fenómeno del narcisismo como una respuesta patológica a las condiciones sociales de la modernidad tardía. Según Lasch, el narcisismo se caracteriza por una pérdida del sentido de la realidad, una dependencia de los expertos y las élites, una búsqueda obsesiva del éxito y el consumo, y una falta de compromiso cívico y solidaridad social.

Lasch también criticó el papel de las industrias culturales, el individualismo, el progresismo y las nuevas élites del capitalismo. Lasch fue un intelectual independiente y provocador, que no se adscribió a ninguna corriente ideológica. Su obra sigue siendo una referencia para el debate sobre los problemas sociales y culturales de nuestra época. *La cultura del narcisismo. La vida en una era de expectativas decrecientes* fue publicado por Lasch en 1979, y está considerado un clásico de la Sociología contemporánea.

El libro de Lasch se enmarca en el contexto histórico y social de EE. UU. a finales de los años 70, marcado por una serie de crisis económicas, políticas y culturales, como el fin de la guerra de Vietnam, el escándalo Watergate, la crisis del petróleo, el aumento del desempleo, la inflación, la pobreza y la violencia urbana. Estos factores generaron una sensación de incertidumbre, desilusión y desconfianza en las instituciones y en el futuro del país. Lasch observa que este clima social tiene un impacto profundo en la personalidad y en la cultura de los individuos, que se vuelven cada vez más narcisistas.

¿Qué significa ser narcisista? Según Lasch, el narcisismo no es solo una forma de amor propio exagerado o una admiración por la propia imagen, sino una patología psicológica que se caracteriza por una baja autoestima, una dependencia de la aprobación externa, una falta de compromiso y de sentido de la realidad, una obsesión por la fama y el consumo, una incapacidad para establecer relaciones íntimas y duraderas, una tendencia a la manipulación y a la explotación de los demás, una búsqueda constante de novedad y excitación, y una huida del dolor y del sufrimiento.

Lasch sostiene que el narcisismo es el resultado de una serie de cambios sociales que han debilitado los vínculos familiares, comunitarios y políticos que antes daban cohesión y significado a la vida de las personas. Entre estos cambios se encuentran: el declive de la familia nuclear tradicional y el aumento de las familias monoparentales, divorciadas o reconstituidas; el auge de la movilidad social y geográfica que dificulta la formación de raíces e identidades locales; el predominio de la cultura de masas y los medios de comunicación que imponen modelos estandarizados de belleza, éxito y felicidad; el desarrollo del capitalismo tardío y la sociedad de consumo que fomentan el individualismo, la competencia y el materialismo; el avance de la tecnología y la ciencia, que reducen el espacio para la creatividad, la imaginación y la espiritualidad; y el surgimiento de los movimientos sociales y culturales como el feminismo, el ecologismo, el pacifismo o el movimiento gay que cuestionan los valores tradicionales y las jerarquías establecidas.

Lasch afirma que estos cambios han provocado una crisis de autoridad, de moralidad y de identidad en la sociedad americana, que se refleja en una cultura del narcisismo. Esta cultura se manifiesta en diversos ámbitos como: la educación, donde se promueve el aprendizaje superficial, el relativismo moral y el culto al éxito; la política, donde se privilegia la imagen sobre el contenido, el populismo sobre el debate racional y el cinismo sobre el compromiso; el trabajo, donde se impone la flexibilidad laboral, la precariedad contractual y la obsolescencia profesional; el ocio, donde se busca el entretenimiento pasivo, la gratificación inmediata y el consumo compulsivo; la salud, donde se recurre al uso indiscriminado de medicamentos, terapias alternativas y cirugías estéticas; o el amor, donde se practica el sexo casual, las relaciones efímeras y las infidelidades.

Lasch critica duramente esta cultura del narcisismo, que considera una amenaza para la democracia y para la felicidad humana. Lasch defiende que el narcisismo no es una forma de liberación o de realización personal, sino una forma de alienación o de esclavitud. El narcisista no es un individuo autónomo o independiente, sino un individuo dependiente o subordinado. El narcisista no es un individuo feliz o satisfecho, sino un individuo frustrado o insatisfecho. El narcisista no es un individuo creativo u original, sino un individuo conformista o imitador.

Lasch propone como alternativa a la cultura del narcisismo una cultura de la responsabilidad, de la solidaridad y de la participación. Una cultura que recupere los valores de la familia, de la comunidad y de la ciudadanía. Una cultura que fomente el desarrollo de una personalidad madura, capaz de asumir los retos y las dificultades de la vida, de establecer vínculos afectivos y sociales duraderos, de expresar sus ideas y sentimientos con autenticidad, de respetar las diferencias y los derechos de los demás, y de contribuir al bien común y al progreso colectivo.

El libro de Lasch tuvo una gran repercusión en su momento, tanto por su rigor académico como por su relevancia social. El libro fue elogiado por numerosos intelectuales, periodistas y políticos, que lo consideraron un diagnóstico certero y una propuesta valiente para enfrentar los problemas de la sociedad americana. El libro también fue criticado por algunos sectores, que lo acusaron de ser conservador, reaccionario o elitista, por cuestionar algunos de los logros y las demandas de los movimientos sociales y culturales. El libro sigue siendo una referencia obligada para el estudio del narcisismo y de la cultura contemporánea, y ha inspirado a otros autores que han profundizado o actualizado sus análisis.

## Robert Jay Lifton

Es un psiquiatra e historiador estadounidense, conocido principalmente por sus estudios sobre las causas y efectos psicológicos de las guerras y la violencia política, así como por sus estudios sobre el lavado de cerebro. Fue uno de los primeros defensores de las técnicas de la psicohistoria, que consiste en aplicar los métodos de la Psicología al estudio de la Historia.

Lifton criticó el narcisismo de Donald Trump en un artículo de opinión publicado en *USA Today,* el 4 de mayo de 2017. En su artículo, Lifton, psiquiatra y autor de varios libros sobre el *totalismo* y el lavado de cerebro, advirtió sobre el peligro de la «normalidad maligna» que se produce bajo un líder narcisista maligno como Trump. Según Lifton, Trump muestra signos de un trastorno de personalidad narcisista maligno, que se caracteriza por una gran autoestima, una falta de empatía, una tendencia a la manipulación y la explotación, una sed de poder y una hostilidad hacia los que lo critican o se oponen a él. Lifton argumentó que este tipo de personalidad es tóxica para la democracia y la salud mental colectiva, ya que crea una realidad alternativa basada en hechos falsos, teorías conspirativas, racismo, negación de la ciencia y deslegitimación de la prensa. Lifton instó a los profesionales de la salud mental a denunciar públicamente el comportamiento de Trump y a advertir al público sobre los riesgos de seguirlo ciegamente.

Lifton fue también el prologuista y autor de un artículo en el libro colectivo *The Dangerous Case of Donald Trump,* que contiene ensayos de 27 psiquiatras, psicólogos y otros profesionales de la salud mental, que describen el «peligro claro y presente» que la salud mental del presidente de Estados Unidos, Donald Trump, supone para el «bienestar nacional e individual». El libro se publicó por primera vez en octubre de 2017, y se actualizó y amplió con ensayos adicionales en una segunda edición en 2019.

Robert Jay Lifton fue uno de los colaboradores del libro. En su ensayo titulado *El peligroso líder carismático*, Lifton analizaba la personalidad de Trump desde la perspectiva de su teoría del liderazgo carismático, que se basa en su investigación sobre líderes totalitarios como Mao Zedong y Adolf Hitler. Lifton argumenta que Trump exhibe las características de un líder carismático peligroso, como la creación de una realidad alternativa, la manipulación de las emociones de sus seguidores, el desprecio por las normas democráticas y la tendencia a la violencia. Lifton advierte que Trump representa una amenaza para la salud mental colectiva y la estabilidad social, y llama a una resistencia ética y política contra su influencia destructiva.

El artículo de Lifton formaba parte de una campaña llamada *Duty To Warn*, que reunió a más de 70 mil profesionales de la salud mental, que firmaron una petición para declarar a Trump psicológicamente incapaz de ejercer el cargo de presidente. La campaña se basó en el principio ético de que los psiquiatras tienen el deber de advertir al público cuando una persona representa una amenaza para sí misma o para los demás. Sin embargo, la campaña también generó controversia y críticas por parte de algunos colegas que consideraron que violaba la llamada «regla Goldwater», que prohíbe a los psiquiatras diagnosticar a figuras públicas sin haberlas examinado personalmente. Además, algunos cuestionaron la efectividad y la legitimidad de usar el diagnóstico psiquiátrico como una herramienta política para descalificar a un candidato o a un gobernante.

Algunos narcisistas pueden ser líderes carismáticos, creativos y persuasivos, mientras que otros pueden ser arrogantes, manipuladores y autoritarios. El problema surge cuando el narcisismo se convierte en una patología que afecta negativamente al funcionamiento social, laboral y emocional de la persona, e influye negativamente en su entorno.

En el caso de Donald Trump, su narcisismo parece estar relacionado con una profunda inseguridad y una baja autoestima, que intenta compensar con una imagen pública de éxito, poder y superioridad. Su comportamiento es a menudo impulsivo, irracional y contradictorio, lo que le hace perder credibilidad y confianza entre sus seguidores y sus adversarios. Su incapacidad para aceptar la crítica o el fracaso le lleva a negar la realidad, a inventar excusas o a culpar a los demás de sus errores. Su falta de empatía le impide comprender las necesidades, los sentimientos y las opiniones de los demás, lo que le hace actuar de forma egoísta, insensible y agresiva.

El narcisismo de Donald Trump puede tener consecuencias graves para él mismo y para el país que representa. Por un lado, puede afectar a su salud mental y física, al generarle estrés, ansiedad, depresión o problemas cardiovasculares. Por otro lado, puede poner en riesgo la estabilidad política, económica y social de EE. UU. y del mundo, al tomar decisiones imprudentes, irresponsables o peligrosas que pueden provocar conflictos internos o externos.

Robert Jay Lifton fue uno de los muchos críticos del narcisismo de Donald Trump, que lo consideraron un problema psicológico y político grave. Sin embargo, su crítica también tuvo sus detractores y sus limitaciones, ya que no todos compartieron su diagnóstico ni su método. El narcisismo de Trump fue objeto de análisis y debate tanto en EE. UU. como en otros países, donde se observaron fenómenos similares o relacionados con el ascenso del populismo y el nacionalismo.

## Marie-France Hirigoyen

Es una psiquiatra francesa que ha escrito extensamente sobre el tema del acoso moral y el narcisismo en las relaciones interpersonales. Su trabajo, tal como se presenta en libros como *El acoso moral* y *Los narcisistas*, destaca cómo ciertos individuos con tendencias narcisistas pueden ejercer formas de abuso psicológico en sus relaciones, que influyen negativamente en su entorno sea este laboral o político.

Hirigoyen describe al narcisista como alguien que busca constantemente admiración y validación, pero que carece de empatía hacia los demás. Estos individuos pueden explotar a quienes les rodean, manipulando y menospreciando a otros para mantener una imagen inflada de sí mismos. La autora también examina cómo el acoso moral, que incluye comportamientos como la humillación, la desacreditación y el aislamiento emocional, puede ser perpetrado por personas con rasgos narcisistas.

La obra de Hirigoyen destaca la importancia de reconocer estos patrones de comportamiento para protegerse y buscar ayuda.

Proporciona herramientas para comprender y resistir el acoso moral, así como para establecer límites saludables en las relaciones.

Hirigoyen describe al narcisista como alguien con una necesidad insaciable de admiración y validación. Este individuo tiende a carecer de empatía hacia los demás y busca constantemente la reafirmación de su propia importancia. A menudo, mantiene una fachada de autoconfianza, pero esta mascara oculta una fragilidad subyacente en su autoestima.

Uno de los aspectos centrales del pensamiento de Hirigoyen se refiere a cómo los narcisistas pueden emplear tácticas de manipulación y control en sus relaciones interpersonales. Utilizan a los demás como medio para satisfacer sus propias necesidades, desestimando los sentimientos y las experiencias de quienes les rodean. Este comportamiento puede llevar a un patrón de abuso psicológico, donde la víctima queda atrapada en una dinámica destructiva.

Hirigoyen también examina cómo el narcisismo puede manifestarse en el ámbito laboral y social, no limitándose exclusivamente a relaciones íntimas. Señala cómo estos individuos pueden buscar constantemente la admiración y el reconocimiento en diversos contextos, a menudo a expensas de otros.

La autora destaca la importancia de reconocer estos patrones de comportamiento para protegerse de las dinámicas abusivas. Proporciona orientación sobre cómo establecer límites saludables y desarrollar resistencia emocional frente a la manipulación narcisista.

El pensamiento de Marie-France Hirigoyen sobre el trastorno de personalidad narcisista se centra en la comprensión de sus dinámicas, la identificación de patrones de abuso psicológico y la promoción de estrategias para protegerse y mantener relaciones más saludables.

Marie-France Hirigoyen se ha centrado específicamente en la incidencia del narcisismo en la política al analizar la personalidad de Donald Trump desde los criterios señalados por la Asociación Psiquiatría Americana en el test DSM-5.

En términos generales, según Marie-France Hirigoyen la presencia de líderes políticos con rasgos narcisistas puede tener implicaciones significativas para la dinámica política y social. Los líderes políticos narcisistas a menudo buscan la admiración y la validación pública, y priorizan su imagen sobre las necesidades y preocupaciones reales de la sociedad. Pueden mostrar una falta de empatía hacia aquellos que no cumplen con sus expectativas o que critican sus acciones.

Estos líderes también pueden ser propensos a tomar decisiones impulsivas basadas en la búsqueda de gratificación personal, en lugar de considerar cuidadosamente las consecuencias a largo plazo. La manipulación de la información y el control de la narrativa son herramientas comunes utilizadas por individuos con tendencias narcisistas en el ámbito político.

La polarización y la falta de diálogo abierto y honesto también pueden ser características de un entorno político en el que el narcisismo está presente, ya que estos líderes pueden ser menos propensos a aceptar críticas y más inclinados a desacreditar a aquellos que no respaldan sus puntos de vista.

Hirigoyen no se ha centrado específicamente en el narcisismo en la política, pero su trabajo sobre el narcisismo y el acoso moral puede proporcionar una perspectiva valiosa para comprender cómo ciertos comportamientos y dinámicas pueden afectar el entorno político.

# — III —
## *Vidas paralelas*

En las breves notas biográficas que siguen, destaca en todas ellas el sesgo narcisista de los personajes. Pesamos que este sesgo puede explicar, no solo el sentido de sus vidas, sino también el paisaje humano y social que cada uno de los personajes contribuyeron y, en algunos casos, contribuyen a conformar. El narcisismo común a todos ellos explicaría parte de las derrotas morales que impulsaron e impulsan en sus respectivas sociedades. Asumiendo la reflexión que, hace dos milenios, Plutarco realizaba en sus *Vidas paralelas* se podría afirmar que «una manera de ser» (el narcisismo) aclara más y mejor que mil batallas el devenir humano y el de los pueblos. Plutarco lo decía de esta manera tan bella como contundente: «Un lance fútil, una palabra, algún juego aclara más las cosas sobre las disposiciones naturales de los hombres que las grandes batallas ganadas, donde pueden haber caído diez mil soldados».

Las vidas paralelas que aquí se narran, tienen todas ellas en común el pronunciado narcisismo que los singulariza. La lista de los narcisos en política es muy extensa, pero de entre los personajes políticos relevantes nos fijaremos tan solo en una docena. Entrelos fallecidos figuran Mussolini, Franco y Berlusconi, mientras que entre los vivos nos fijaremos en Donald Trump, Boris Jonhson, Xi Jiping, Erdogan, Kim Jong-un, Vladimir Putin, Viktor Orbán y finalmente Pedro Sánchez Castejón, a quien dedicaremos un capítulo monográfico.

De los personajes mencionados y analizados, de manera breve y escueta, destacan algunas coincidencias de índole biográfica que afectan a su niñez, pero son sobre todo las pautas comunes de conducta lo que retendrá nuestra atención. De todos modos, lo que sí se puede concluir de estas breves semblanzas, es que todos ellos, con más o menos intensidad, se ven aquejados de un gran narcisismo que afecta a quienes la fortuna deparó o depara la circunstancia de vivir bajo su peculiar gobernanza. Una circunstancia que pesó o pesa de manera importante en sus vidas. No es lo mismo vivir bajo un líder prudente y equilibrado o hacerlo bajo la férula de un líder despótico o imprevisible; en ambos casos las circunstancias implican una afección positiva o negativa sobre las expectativas del yo.

## MUSSOLINI

Benito Mussolini fue el líder del fascismo italiano y el principal aliado de Adolf Hitler durante la Segunda Guerra Mundial. Su régimen fue responsable de la muerte de cientos de miles de personas, la destrucción del patrimonio cultural y la opresión de las libertades civiles. Pero ¿qué tipo de personalidad tenía Mussolini? ¿Qué lo motivaba a actuar de esa manera?

Según algunos expertos, Mussolini podría haber sufrido un trastorno de personalidad narcisista, que se caracteriza por un sentido exagerado e infundado de su propia importancia y talentos, una preocupación por fantasías de logros ilimitados, una necesidad constante de admiración y una falta de empatía hacia los demás.

Mussolini mostró desde su infancia signos de una personalidad narcisista. Según sus biógrafos, era un niño rebelde, violento y conflictivo, que se peleaba con sus compañeros y desafiaba a sus profesores. También era un ávido lector, que se creía superior a los demás por su inteligencia y cultura. Su padre, un herrero anarquista, le inculcó el odio a la autoridad y a la religión, mientras que su madre, una maestra católica, lo llevó a tomar la primera comunión.

Mussolini inició su carrera política como socialista, pero pronto se convirtió en nacionalista y defensor de la guerra. En 1919, fundó el Partido Nacional Fascista, que se basaba en el culto a la personalidad del líder, el militarismo, el racismo y el antisemitismo. En 1922, realizó la llamada Marcha sobre Roma, que le permitió acceder al poder con el apoyo del rey Víctor Manuel III. A partir de entonces, instauró una dictadura que eliminó toda oposición política, controló los medios de comunicación y reprimió a los sindicatos y a las minorías.

Mussolini se consideraba a sí mismo como el salvador de Italia, el creador de un nuevo orden mundial y el heredero del Imperio Romano. Se hacía llamar *il Duce* (el jefe) y se rodeaba de símbolos y rituales que exaltaban su figura. Su propaganda lo presentaba como un hombre fuerte, valiente, carismático y genial, que había hecho grandes obras por su país, como construir carreteras, acueductos o reducir el crimen. Sin embargo, estas afirmaciones eran falsas o exageradas, ya que muchas de esas obras habían sido iniciadas antes de su llegada al poder o no tuvieron el impacto esperado.

Mussolini también tenía una vida personal turbulenta, marcada por sus numerosas aventuras amorosas y su crueldad hacia sus familiares. Estaba casado con Rachele Guidi, con quien tuvo cinco hijos, pero la engañaba constantemente con otras mujeres. Una de ellas fue Margherita Sarfatti, una periodista judía que lo ayudó a escribir su biografía y a difundir su imagen en el extranjero. Otra fue Clara Petacci, una joven fascista que fue su amante hasta el final y que murió fusilada junto a él.

Mussolini cometió muchos errores políticos que lo llevaron a su caída. El más grave fue aliarse con Hitler y entrar en la Segunda Guerra Mundial del lado del Eje. Esta decisión fue impulsada por su ambición de expandir su imperio y por su admiración por el líder nazi, al que consideraba un amigo y un modelo a seguir. Sin embargo, pronto se dio cuenta de que Italia no estaba preparada para la guerra y que dependía totalmente de Alemania. Mussolini perdió el apoyo popular, el respaldo del rey y el control del país. Fue depuesto en 1943 y encarcelado, pero fue liberado por los alemanes y estableció una República Social italiana en el norte de Italia. Allí continuó su política represiva y colaboracionista con los nazis hasta que fue capturado por los partisanos el 27 de abril de 1945. Al día siguiente, fue ejecutado y su cadáver fue colgado boca abajo en una plaza de Milán.

La personalidad narcisista de Mussolini fue un factor determinante en su ascenso y su caída. Su megalomanía, su arrogancia, su falta de escrúpulos y su incapacidad para reconocer sus errores, lo llevaron a tomar decisiones desastrosas que tuvieron consecuencias trágicas para Italia y para el mundo. A pesar de ello, todavía hay personas que lo admiran o lo justifican, ignorando o minimizando sus crímenes.

# FRANCO

El narcisismo es un trastorno de la personalidad que se caracteriza por un sentido exagerado de la propia importancia, una necesidad excesiva de admiración y una falta de empatía hacia los demás. El narcisismo puede tener diversas causas, como una infancia traumática, una baja autoestima o una sobrevaloración por parte de los padres o el entorno. El narcisismo también puede ser un rasgo común entre los líderes políticos, especialmente los autoritarios, que buscan el poder, el control y la gloria a costa del bienestar de sus súbditos.

Uno de los ejemplos más notorios de un líder político narcisista fue Francisco Franco, el dictador que gobernó España con mano de hierro entre 1939 y 1975. Franco fue un hombre que se creyó elegido por Dios para salvar a España de sus enemigos, que firmaba condenas de muerte mientras tomaba chocolate caliente con picatostes, que escribió un texto sobre la raza española bajo un seudónimo y que solo se le vio llorar tres veces en su vida. Franco fue un hombre que impuso su visión del mundo a toda una nación, que reprimió cualquier disidencia o divergencia, que encerró a miles de mujeres por inmorales en reformatorios ocultos y que mantuvo a España aislada y atrasada durante décadas.

¿Qué factores influyeron en el desarrollo del narcisismo de Franco? Según algunos testimonios y biografías, Franco tuvo una infancia difícil, marcada por la ausencia y el desprecio de su padre, un oficial naval que le abandonó cuando era niño y que le consideraba un fracasado. Franco también sufrió el rechazo y las burlas de sus compañeros por su baja estatura, su cabeza grande y su voz aguda, lo que le valió apodos como *el Cerillita* o *Paquito el Chocolatero*. Estas experiencias pudieron generar en Franco una sensación de inferioridad y un deseo de compensar sus carencias con logros militares y políticos.

Franco también recibió una educación basada en los valores del catolicismo tradicional, el nacionalismo español y el militarismo, que le inculcaron una visión autoritaria, intolerante y fanática de la realidad. Franco se convirtió en el general más joven de Europa desde Napoleón, al participar en las guerras coloniales de Marruecos donde estuvo a punto de morir en una batalla. Franco se ganó la fama de ser un militar valiente, disciplinado y eficaz, pero también cruel, frío y ambicioso.

Franco se sumó al golpe de estado contra la Segunda República en 1936, iniciando una guerra civil que duró tres años y causó cientos de miles de muertos. Franco se erigió como el líder indiscutible del bando sublevado, apoyado por la Iglesia, los terratenientes, los militares y las potencias fascistas de Alemania e Italia. Franco se presentó como el salvador de España frente al comunismo, el separatismo y la masonería, y como el caudillo de una cruzada nacional católica. Franco se rodeó de aduladores y sicofantes que le ensalzaron como un genio político y militar, y como un ser casi divino.

Franco estableció una dictadura personal que duró 36 años, durante los cuales ejerció un control absoluto sobre todos los aspectos de la vida española. Eliminó cualquier forma de oposición política o social mediante la represión, la censura y la propaganda. Franco creó un culto a su personalidad, llenando las calles de estatuas, carteles y lemas que le alababan. Franco se atribuyó todos los méritos del desarrollo económico y social del país, ignorando o minimizando los problemas y las demandas de la población. Se negó a aceptar cualquier cambio o reforma que pusiera en peligro su poder, y se aferró al mismo hasta su muerte en 1975.

En conclusión, Franco fue un líder político narcisista que marcó la historia de España con su dictadura. Franco fue un hombre que se creyó superior a los demás, que buscó el reconocimiento y la admiración de todos, y que careció de empatía y compasión hacia sus víctimas. Franco fue un hombre que se dejó llevar por sus complejos, sus traumas y sus delirios, y que impuso su voluntad a toda una nación.

## BERLUSCONI

La personalidad narcisista de Berlusconi es un tema que ha generado mucho interés y debate en los medios de comunicación y en la opinión pública. Berlusconi, ex primer ministro de Italia y magnate de los negocios, es conocido por su estilo de liderazgo autoritario, su afición a las fiestas y a las mujeres, su enfrentamiento con la justicia y su tendencia a hacer declaraciones polémicas y ofensivas.

Según el Manual Diagnóstico de los Trastornos Mentales (DSM-5), el trastorno de personalidad narcisista se caracteriza por un patrón generalizado de sentimiento de superioridad (grandiosidad), necesidad de admiración y falta de empatía. Las personas con trastorno de personalidad narcisista sobreestiman sus habilidades, exageran sus logros y tienden a subestimar las capacidades de los demás. Además, presentan una preocupación por fantasías de logros ilimitados, influencia, poder, inteligencia, belleza o amor perfecto.

Estos rasgos se pueden observar claramente en el comportamiento y el discurso de Berlusconi. Por ejemplo, Berlusconi se ha comparado a sí mismo con Napoleón, Jesucristo y Julio César. También ha afirmado ser el mejor líder político de Europa y del mundo, y el más rico y poderoso de Italia. Asimismo, ha mostrado una gran necesidad de ser admirado y halagado por sus seguidores, sus aliados y la prensa. Por otro lado, ha demostrado una falta de empatía hacia los que considera sus enemigos o inferiores, como los jueces, los periodistas críticos, las mujeres, los inmigrantes o los homosexuales. Ha insultado, amenazado y descalificado a quienes le han cuestionado o se han opuesto a él.

El origen del narcisismo de Berlusconi puede estar relacionado con su historia personal y familiar. Según algunos autores, el narcisismo se desarrolla como una forma de compensar una baja autoestima y una carencia afectiva en la infancia. Berlusconi creció en un ambiente modesto y competitivo, donde tuvo que luchar por conseguir la atención y el reconocimiento de su padre, un empleado bancario exigente y autoritario. Su madre, por su parte, era una ama de casa sumisa y religiosa, que le transmitió una fuerte culpa moral. Estas circunstancias pudieron generar en Berlusconi una sensación de inseguridad e inferioridad, que intentó superar mediante el éxito económico, social y político.

El tratamiento psicológico del narcisismo es difícil, ya que este tipo de personalidades muestran diversas caras y no son conscientes de su trastorno. El narcisista suele resistirse a cambiar o a aceptar ayuda externa, ya que cree que no tiene ningún problema o que puede resolverlo por sí mismo. Además, suele manipular al terapeuta para obtener su admiración o para evitar enfrentarse a sus conflictos internos.

# DONALD TRUMP

¿Es Donald Trump un narcisista? Esta es una pregunta que muchos se han hecho desde que el ex presidente de EE. UU. irrumpió en la escena política con su estilo polémico, arrogante y provocador. El narcisismo es un rasgo de personalidad que se caracteriza por un sentido exagerado de la propia importancia, una necesidad constante de admiración y una falta de empatía por los demás. Según el Manual Diagnóstico y Estadístico de los Trastornos Mentales (DSM-5), el trastorno de la personalidad narcisista es una enfermedad mental que afecta a entre el 0,5% y el 1% de la población general.

Aunque no hay una prueba definitiva para diagnosticar el trastorno de la personalidad narcisista, muchos expertos han señalado que Donald Trump cumple con la mayoría o todos criterios señalados en el test DSM-5, basándose en su conducta pública y privada. Algunos ejemplos de su comportamiento narcisista son:

- Se jacta constantemente de sus éxitos empresariales, políticos y personales, a menudo exagerando o mintiendo sobre ellos.
- Se involucra en fantasías sobre su poder e influencia, como cuando afirmó falsamente que había ganado las elecciones presidenciales de 2020 y que había sido víctima de un fraude electoral masivo.
- Se considera superior a los demás y desprecia a quienes no están de acuerdo con él o lo critican, llamándolos «perdedores», «tontos» o «enemigos del pueblo».
- Exige una lealtad incondicional de sus seguidores y colaboradores, y los ataca o despide si lo contradicen o lo desafían.
- Se aprovecha de los demás para su beneficio personal o político, como cuando presionó al presidente de Ucrania para que investigara a su rival, Joe Biden, a cambio de ayuda militar.
- No muestra empatía ni compasión por las víctimas de la pandemia del covid-19, la violencia racial o las catástrofes naturales, y minimiza o ignora la gravedad de estos problemas. Expresa envidia o resentimiento hacia aquellos que considera más exitosos o populares que él, como Barack Obama,

Hillary Clinton o Jeff Bezos. Muestra una actitud arrogante y despectiva hacia sus adversarios políticos, los medios de comunicación, las instituciones democráticas y los aliados internacionales.

El narcisismo de Donald Trump no sólo ha afectado a su propia imagen y reputación, sino también a la estabilidad y seguridad de Estados Unidos y del mundo. Su egocentrismo, impulsividad y falta de juicio lo han llevado a tomar decisiones erráticas e irresponsables que han socavado la confianza en el liderazgo estadounidense, dañado las relaciones con los aliados, exacerbado las tensiones con los enemigos y puesto en riesgo la salud y la vida de millones de personas.

Ha provocado una profunda división y polarización en la sociedad estadounidense, alentando el extremismo, el fanatismo y la violencia entre sus partidarios. Ha desafiado la legitimidad y la integridad del sistema electoral estadounidense, rechazando aceptar su derrota y alentando a sus seguidores a asaltar el Capitolio para impedir la certificación de los votos del Colegio Electoral. Ha debilitado el papel de EE. UU. como líder mundial, retirándose de acuerdos internacionales clave como el Acuerdo de París sobre el cambio climático, el acuerdo nuclear con Irán o la Organización Mundial de la Salud. Ha deteriorado las relaciones con los aliados tradicionales de EE. UU., como la OTAN, la Unión Europea o Canadá, imponiendo aranceles comerciales, cuestionando sus compromisos de defensa o insultando a sus líderes. Ha aumentado las amenazas a la seguridad nacional de EE. UU., al provocar o ignorar a actores hostiles como Corea del Norte, Irán, Rusia o China, o al revelar información clasificada a terceros. Ha fracasado en contener la pandemia del covid-19, negando la gravedad del virus, desestimando las recomendaciones de los expertos sanitarios, difundiendo información falsa o engañosa y mostrando una falta de liderazgo y coordinación a nivel federal.

En conclusión, Donald Trump es un ejemplo claro de una persona con una personalidad narcisista que ha causado graves daños a su país y al mundo con su comportamiento egoísta, irresponsable e imprudente. Su narcisismo no solo es un problema psicológico, sino también un peligro político y social.

# BORIS JONHSON

El narcisismo es un trastorno de la personalidad que se caracteriza por una exagerada autoestima, una falta de empatía y una gran necesidad de admiración y reconocimiento. Algunos expertos han señalado que el primer ministro británico, Boris Johnson, presenta rasgos narcisistas que han influido en su gestión del Brexit, el proceso de salida de Reino Unido de la Unión Europea.

Johnson fue uno de los principales líderes de la campaña a favor del Brexit en el referéndum de 2016, donde prometió que Reino Unido recuperaría el control de sus leyes, fronteras y dinero, y que podría negociar acuerdos comerciales ventajosos con otros países. Sin embargo, muchos de sus argumentos se basaban en datos falsos o exagerados, como la afirmación de que Reino Unido enviaba semanalmente 350 millones de libras (unos 435 millones de dólares) a la Unión Europea, o que el Brexit no tendría consecuencias negativas para la economía o la paz en Irlanda del Norte.

Johnson se convirtió en primer ministro en 2019 tras la dimisión de Theresa May, quien no logró que el Parlamento aprobara el acuerdo de salida que había negociado con Bruselas. Johnson se presentó como el salvador del Brexit, y aseguró que lograría un mejor acuerdo o que saldría sin acuerdo si era necesario. Para ello, no dudó en utilizar tácticas polémicas, como suspender el Parlamento durante cinco semanas para evitar que los diputados bloquearan su estrategia, o incumplir el protocolo sobre Irlanda del Norte que él mismo había firmado con la Unión Europea.

Estas acciones muestran que Johnson tiene una visión distorsionada de la realidad, donde él es el héroe que defiende la voluntad popular frente a las élites europeas y los políticos traidores. También revelan su falta de escrúpulos y su tendencia a mentir o a cambiar de opinión según le convenga. Johnson ha demostrado ser un maestro de la comunicación, capaz de seducir a los votantes con su carisma, su humor y su optimismo. Sin embargo, también ha sido criticado por su irresponsabilidad, su incompetencia y su desinterés por los detalles.

El Brexit ha sido el gran proyecto de Johnson, pero también su gran fracaso. A pesar de que consiguió sacar a Reino Unido de la Unión Europea el 31 de enero de 2020 y firmar un acuerdo comercial con Bruselas el 24 de diciembre del mismo año, el Brexit ha supuesto un enorme coste económico, social y diplomático para el país. Reino Unido ha perdido acceso al mercado único y a la unión aduanera, lo que ha generado barreras comerciales, burocráticas y regulatorias con su principal socio económico. Además, el Brexit ha reavivado las tensiones en Irlanda del Norte, donde los unionistas se sienten traicionados por el protocolo que establece controles aduaneros entre esa región y el resto de Reino Unido. El Brexit también ha debilitado la unidad de Reino Unido, ya que Escocia e Irlanda del Norte votaron mayoritariamente a favor de permanecer en la Unión Europea, y ahora reclaman un nuevo referéndum sobre su independencia.

El narcisismo de Boris Johnson ha sido un factor determinante en el desarrollo y el resultado del Brexit. Johnson ha antepuesto su ambición personal y su ego a los intereses colectivos y al bienestar de los ciudadanos. Su liderazgo ha estado marcado por la manipulación, la confrontación y la improvisación. El Brexit ha sido una oportunidad perdida para Reino Unido, que ha renunciado a formar parte de un proyecto común europeo basado en la cooperación, la solidaridad y los valores democráticos.

## XI JINPING

Los narcisistas suelen tener una autoestima inflada, una sensación de superioridad y un deseo de poder y control. Algunos estudios han sugerido que el narcisismo puede ser más frecuente entre los líderes políticos, especialmente los que ejercen un poder autoritario o dictatorial.

Un ejemplo de un líder político que ha sido acusado de ser narcisista es Xi Jinping, el presidente de China. Xi Jinping es el líder más poderoso de China desde Mao Zedong, el fundador de la República Popular China. Desde que asumió el cargo en 2012, Xi Jinping ha consolidado su poder eliminando a sus rivales, reprimiendo a la disidencia, fortaleciendo el control del Partido Comunista sobre la sociedad y la economía, y promoviendo su propia imagen y doctrina como la «nueva era» del socialismo chino.

¿Qué evidencias hay de que Xi Jinping sea narcisista?

Un experto que ha estudiado la personalidad de Xi Jinping es Kenneth Dekleva, médico psiquiatra y profesor asociado en la Universidad de Texas Southwest Medical Center. Dekleva ha presentado su investigación sobre el perfil psicológico político de Xi Jinping en el Congreso Anual Científico de la Sociedad Internacional de Psicología Política. Dekleva utiliza el método psico biográfico para analizar las experiencias infantiles de Xi Jinping y su impacto en su desarrollo psicológico y su toma de decisiones.

Dekleva afirma que Xi Jinping tiene un trastorno narcisista de la personalidad, que se define como «un patrón generalizado de grandiosidad, necesidad de admiración y falta de empatía».

Dekleva sostiene que el trastorno de la personalidad de Xi Jinping se originó en su infancia traumática, marcada por la persecución política de su padre, un veterano revolucionario que fue purgado por Mao Zedong durante la Revolución Cultural. Xi Jinping fue separado de su familia a los 15 años y enviado al campo a realizar trabajos forzados. Allí sufrió hambre, frío, abusos y humillaciones. Estas experiencias le provocaron una profunda herida narcisista, una sensación de vergüenza, inseguridad y vacío interior. Para compensar esta herida, Xi Jinping desarrolló una fachada de grandiosidad, confianza y autoridad, que oculta su verdadero yo frágil y vulnerable. También desarrolló una identificación con el agresor, es decir, una asimilación de los valores y actitudes de sus perseguidores, como Mao Zedong y el Partido Comunista. Así, Xi Jinping se convirtió en un narcisista maligno, un tipo de narcisista que combina la grandiosidad con la agresividad, la paranoia y la falta de conciencia.

¿Qué implicaciones tiene el narcisismo de Xi Jinping para China y el mundo? El narcisismo de Xi Jinping puede tener consecuencias negativas tanto para su propio país como para la comunidad internacional. Por ejemplo, el narcisismo de Xi Jinping puede afectar a su capacidad de gobernar de forma efectiva y racional, ya que puede sesgar su percepción de la realidad, su juicio crítico y su aprendizaje de los errores. El narcisismo de Xi Jinping también puede aumentar su propensión a tomar decisiones arriesgadas, imprudentes o impulsivas, especialmente en situaciones de crisis o conflicto. Además, el narcisismo de Xi Jinping puede generar resistencia y oposición tanto dentro como fuera de China, ya que puede provocar reacciones negativas en sus subordinados, aliados y adversarios. El narcisismo de Xi Jinping puede erosionar la confianza, la cooperación y la estabilidad tanto a nivel nacional como internacional.

El narcisismo de Xi Jinping puede tener un impacto significativo en su comportamiento como líder político y en las relaciones entre China y el resto del mundo. El narcisismo de Xi Jinping puede ser una fuente de fortaleza o debilidad, dependiendo de las circunstancias y los desafíos que enfrente. Por lo tanto, es importante comprender los orígenes, las manifestaciones y las implicaciones del narcisismo de Xi Jinping para poder anticipar sus acciones y reacciones, y para poder gestionar sus efectos tanto a nivel individual como colectivo.

## ERDOGAN

Recep Tayyip Erdogan es el presidente de Turquía desde 2014, y antes fue primer ministro desde 2003. Su ascenso al poder se basó en una retórica populista que apelaba a las masas religiosas y conservadoras, marginadas por las élites laicas y occidentalizadas. Erdogan se presentó como el líder de los de abajo, perseguido por los de arriba, y como el defensor de los valores islámicos y nacionales frente a las amenazas externas e internas.

Sin embargo, detrás de esta imagen de hombre del pueblo se esconde una personalidad narcisista que se caracteriza por un patrón generalizado de sentimiento de superioridad, necesidad de admiración y falta de empatía. Erdogan sobreestima sus habilidades, exagera sus logros y tiende a subestimar las capacidades de los demás. Su narcisismo se manifiesta en varios aspectos:

- Su autoritarismo: Erdogan ha concentrado cada vez más poder en sus manos, erosionando la separación de poderes, la libertad de expresión, los derechos humanos y la democracia. Ha encarcelado a miles de opositores, periodistas, académicos, activistas y militares, acusándolos de golpistas, terroristas o traidores. Ha reprimido violentamente las protestas sociales, como las del parque Gezi en 2013. Ha modificado la Constitución para ampliar sus competencias y eliminar los límites a su reelección. Ha controlado los medios de comunicación, la justicia, el ejército y la educación. Ha purgado a los disidentes dentro de su propio partido, el AKP, y ha roto con antiguos aliados, como el predicador Fethullah Gülen o el ex primer ministro Ahmet Davutoglu.

- Su megalomanía: Erdogan se cree el salvador de Turquía y el líder del mundo musulmán. Se compara con los sultanes otomanos y con el fundador de la república turca, Mustafa Kemal Atatürk. Ha construido un enorme palacio presidencial con más de mil habitaciones, que supera en tamaño al de la Casa Blanca o al del Kremlin. Ha inaugurado el aeropuerto más grande del mundo en Estambul, bautizado con su nombre. Ha impulsado proyectos faraónicos, como el canal de Estambul o la mezquita Çamlica. Ha gastado millones en propaganda y en actos públicos multitudinarios. Ha cultivado una imagen personalista y carismática, que busca transmitir fuerza, confianza y determinación.

- Su hipersensibilidad: Erdogan no tolera la crítica ni el desafío. Se ofende fácilmente por cualquier comentario o gesto que considere irrespetuoso o insultante. Ha demandado a cientos de personas por injurias, incluyendo a niños, artistas, humoristas o deportistas. Ha prohibido canciones, libros, películas o series que le molesten o le ridiculicen. Ha bloqueado el acceso a redes sociales como Twitter o YouTube cuando difunden informaciones comprometedoras o satíricas sobre él. Ha reaccionado con furia ante las acusaciones de corrupción o nepotismo que le implican a él o a su familia. Ha cortado relaciones diplomáticas con países que le critican o le ignoran.

El narcisismo de Erdogan tiene consecuencias negativas para él mismo, para Turquía y para la región. Por un lado, le impide reconocer sus errores, aprender de ellos y rectificar. Por otro lado, le lleva a tomar decisiones impulsivas, arriesgadas e irracionales, basadas en su ego y no en el interés general. Así, ha provocado una crisis económica, una polarización social, una inestabilidad política y un aislamiento internacional.

El narcisismo se alimenta del apoyo y la admiración de los seguidores, que refuerzan la autoimagen distorsionada del líder.

# KIM JONG-UN

Kim Jong-un es el líder supremo de Corea del Norte, un país que se caracteriza por su aislamiento y su régimen autoritario. Su personalidad ha sido objeto de especulación y análisis por parte de los medios de comunicación y el público en general. ¿Qué rasgos psicológicos definen a Kim Jong-un? ¿Es un narcisista, un psicópata o ambas cosas? El trastorno de la personalidad narcisista se caracteriza por un sentido exagerado e infundado de la propia importancia y talentos, una preocupación por fantasías de logros ilimitados, una necesidad de admiración excesiva y un sentimiento de merecer privilegios y un trato especial. Las personas con este trastorno suelen ser arrogantes, egocéntricas, manipuladoras y carecen de empatía por los demás.

Algunos indicios que podrían sugerir que Kim Jong-un tiene una personalidad narcisista son los siguientes:

- Se presenta como el heredero legítimo de la dinastía Kim, que gobierna Corea del Norte desde 1948, y se le atribuyen títulos como «líder supremo», «presidente del partido», «comandante supremo» o «gran sucesor».
- Ha ordenado ejecuciones, purgas y encarcelamientos de sus opositores políticos, familiares y militares, entre ellos su tío Jang Song-thaek y su hermanastro Kim Jong-nam, a quienes acusó de traición y conspiración.
- Ha desarrollado un programa nuclear y de misiles balísticos que desafía las sanciones internacionales y amenaza la seguridad mundial, con el fin de demostrar su poderío y prestigio.
- Ha cultivado una imagen pública de líder carismático y benevolente, que visita fábricas, escuelas, granjas y parques de diversiones, donde recibe elogios y aplausos de sus subordinados y ciudadanos.
- Ha mostrado una gran afición por el lujo y el consumo, que contrasta con la pobreza y la escasez que sufren la mayoría de los norcoreanos. Se le ha visto con relojes caros, coches deportivos, yates, aviones privados y mansiones.
- Ha buscado el reconocimiento y la legitimación internacional a través de encuentros diplomáticos con otros líderes mundiales, como Donald Trump, Xi Jinping o Moon Jae-in, a quienes ha tratado de impresionar con gestos de amistad o concesiones.

El trastorno de la personalidad antisocial se caracteriza por un patrón de desprecio y violación de los derechos de los demás, una falta de remordimiento o culpa por el daño causado, una tendencia a mentir y engañar para obtener beneficios personales, una impulsividad e irresponsabilidad en el comportamiento y una dificultad para establecer relaciones afectivas estables. Las personas con este trastorno suelen ser agresivas, hostiles, insensibles, cínicas y desafiantes.

Algunos indicios que podrían sugerir que Kim Jong-un tiene una personalidad antisocial son los siguientes:

- Ha violado sistemáticamente los derechos humanos de su población, sometiéndola a un control totalitario, a una represión brutal, a una censura informativa y a una propaganda ideológica.
- Ha mostrado una falta de arrepentimiento o compasión por las víctimas de sus acciones, como los presos políticos, los desertores, los disidentes o los civiles afectados por sus pruebas nucleares.
- Ha mentido y engañado a la comunidad internacional sobre sus intenciones y capacidades nucleares, incumpliendo acuerdos previos y ocultando información relevante.
- Ha actuado de forma impulsiva e imprudente al lanzar misiles balísticos sin previo aviso ni consideración por las consecuencias potenciales para la paz y la estabilidad regional.
- Ha tenido dificultades para mantener relaciones personales duraderas y confiables con sus aliados o enemigos. Se ha distanciado de China, su principal socio comercial y protector ha provocado a Estados Unidos, su mayor adversario; y ha alternado gestos de acercamiento y hostilidad con Corea del Sur.

## VLADIMIR PUTIN

Vladimir Putin es uno de los líderes más poderosos y controvertidos del mundo. Su política exterior agresiva, su control autoritario del país y su imagen pública cuidadosamente construida han generado admiración, temor y rechazo en distintas partes del globo. Pero ¿qué se esconde detrás de la personalidad de Putin? ¿Qué rasgos psicológicos explican su comportamiento? ¿Padece algún trastorno mental que afecte a su capacidad de liderazgo?

Hay quien ha sugerido que Putin podría sufrir el llamado síndrome de Hybris, un trastorno psicológico que se caracteriza por un ego desmedido, una desconexión total de la realidad, una actitud arrogante y una falta de empatía. Este síndrome suele afectar a personas que ocupan puestos de poder y que se sienten superiores al resto, creyendo que pueden hacer lo que quieran sin consecuencias. El término *hybris* proviene de la mitología griega, donde se refería al castigo divino que sufrían los mortales que desafiaban a los dioses con su soberbia.

Según el psicólogo forense Javier Urra, Putin presenta varios síntomas del síndrome de Hybris, como la «mirada reptiliana», que indica una falta de emociones y una tendencia al engaño; el narcisismo extremo, que se manifiesta en su necesidad de dominar, intimidar e imponerse a los demás; la identificación de sus intereses personales con los del país, lo que le lleva a justificar cualquier acción en nombre del bien nacional; y la aceleración, que refleja su ansiedad por expandir su influencia y su temor a perder el poder.

También se ha señalado que Putin podría tener también rasgos de psicopatía o de narcisismo maligno, dos trastornos de personalidad que comparten algunos elementos con el síndrome de Hybris, como la falta de empatía, la manipulación, el sadismo, la omnipotencia y la grandiosidad. Estos trastornos implican una alteración profunda del sentido del yo y de las relaciones con los demás, lo que dificulta el establecimiento de vínculos afectivos y sociales sanos. Además, estas personas suelen tener una baja tolerancia a la frustración, una alta impulsividad y una escasa capacidad de autocrítica.

Lo que sí parece evidente es que el trastorno de personalidad de Vladimir Putin tiene un impacto negativo tanto en su propio bienestar como en el de las personas que le rodean. Su estilo de liderazgo autoritario y beligerante genera conflictos internacionales, violaciones de los derechos humanos, represión política y social, inestabilidad económica y ambiental, y un clima de miedo e incertidumbre entre la población.

En *Tierra firme*, el último libro de Pedro Sánchez, el autor afirma que la peculiar personalidad de Vladimir Putin ha condicionado y determina sus políticas, estableciendo así una relación causal entre su personalidad y las políticas llevadas a cabo por el autócrata ruso.

# VIKTOR ORBÁN

Viktor Orbán es el primer ministro de Hungría desde 2010, y también lo fue entre 1998 y 2002. Es el líder del partido Fidesz, una formación conservadora y nacionalista que ha ganado las últimas cinco elecciones parlamentarias con mayoría absoluta. Orbán se define a sí mismo como el defensor de Hungría y Europa ante los inmigrantes musulmanes, y tiene una relación estrecha con Rusia y su presidente, Vladimir Putin. Pero ¿qué hay detrás de su personalidad y su forma de gobernar? ¿Qué rasgos lo caracterizan como un narcisista?

El trastorno de personalidad narcisista se caracteriza por un patrón general de grandiosidad (grandeza), necesidad de adulación y falta de empatía. Las personas con este trastorno tienen un sentido exagerado de su propia importancia, creen que son especiales y únicos, y esperan ser reconocidos y tratados como tales. También tienen una visión distorsionada de la realidad, y se sienten superiores a los demás. Además, carecen de sensibilidad hacia los sentimientos y las necesidades ajenas, y explotan o manipulan a los demás para conseguir sus fines. Por último, son arrogantes, envidiosos y prepotentes, y reaccionan con ira o desprecio ante las críticas o los fracasos.

Estos rasgos se pueden observar en el comportamiento político de Orbán, que ha sido acusado de autoritarismo, populismo y xenofobia por sus críticos. Orbán ha utilizado su poder para modificar la Constitución, controlar los medios de comunicación, limitar la independencia judicial, restringir los derechos civiles y atacar a las organizaciones no gubernamentales. También ha impulsado una agenda nacionalista e identitaria, basada en la defensa de la cultura cristiana y la soberanía nacional frente a la Unión Europea y la inmigración. Así mismo, ha cultivado una imagen carismática y paternalista al presentarse como el salvador de Hungría y el líder de una nueva Europa.

Orbán se ha enfrentado a numerosas críticas y sanciones por parte de la Unión Europea, que lo considera una amenaza para los valores democráticos y el Estado de derecho. Sin embargo, Orbán no ha cedido ni rectificado, sino que ha aprovechado estas situaciones para reforzar su discurso antieuropeo y victimista. Orbán se ha mostrado desafiante y orgulloso, afirmando que él representa la voluntad del pueblo húngaro y que no acepta injerencias ni lecciones de nadie. También ha buscado aliados entre otros países del este de Europa, como Polonia o Eslovaquia, que comparten su visión conservadora y euroescéptica.

Orbán también ha mantenido una relación cercana con Rusia, a pesar de las tensiones entre este país y la Unión Europea por temas como Ucrania o Siria. Orbán ha elogiado a Putin como un líder fuerte y eficaz, y ha defendido los intereses económicos y energéticos de Hungría con Rusia. Orbán ha sido criticado por su falta de solidaridad con los países vecinos que sufren la agresión rusa, como Ucrania o Moldavia. Además, se ha sospechado que Orbán recibe apoyo financiero o mediático de Rusia para difundir su propaganda e influir en la opinión pública.

Viktor Orbán es un ejemplo claro de líder narcisista que ha transformado Hungría en un Estado autoritario e iliberal. Su personalidad se refleja en su forma de gobernar, basada en la grandiosidad, la falta de empatía y la resistencia a las críticas. Su discurso nacionalista e identitario le ha granjeado el apoyo de una parte importante del electorado húngaro, pero también le ha aislado del resto de Europa. Su relación con Rusia le ha permitido obtener beneficios económicos y políticos, pero también le ha expuesto a posibles chantajes o injerencias. Orbán es un líder narcisista que desafía a Europa.

# — IV —
## La personalidad narcisista de Pedro Sanchez

«Sic periit; niveis tellus sua condidit ossa
et fuit in florem conversa prioris imago».
(OVIDIO, *Metamorfosis*, III).

(Así pereció; la tierra cubrió sus huesos blancos
y su imagen anterior se convirtió en flor).

## NECESARIA ACLARACIÓN

Al mencionar a Marie-France Hirigoyen, nos hemos referido al test DSM-5 que utilizó para establecer un hipotético trastorno de personalidad en Donald Trump. Hirigoyen no tuvo la oportunidad de entrevistarse con Trump, ni este fue sometido por parte de la doctora francesa a ningún tipo de examen clínico, pero pese a ello Hirigoyen pudo calibrar el grado de narcisismo del expresidente americano, sirviéndose de sus declaraciones públicas y recurriendo a noticias de hemeroteca, donde pudo hacerse una idea muy aproximada de la personalidad de Trump. En las líneas que siguen trataremos de efectuar un recorrido semejante al efectuado por Marie-France Hirigoyen, solo que el objeto de nuestro ensayo será el presidente Pedro Sánchez. Para ello nos valdremos de la autobiografía que publicó nada más acceder a la Moncloa (*Manual de resistencia*) y de la siguiente entrega de sus memorias (*Tierra firme*), así como de sus profusas manifestaciones ante los medios y de sus intervenciones parlamentarias.

Lo primero que salta a la vista es la enorme diferencia entre el narcisismo explosivo y delirante de Donald Trump y el narcisismo menos exacerbado de Sánchez. A efectos políticos, sin embargo, el narcisismo de ambos tiene consecuencias inmediatas en la vida de los ciudadanos, y a grandes rasgos es similar su incidencia política. Les diferencia, sin embargo, el entorno, en tanto en cuanto Trump dispone de una fuerte contestación por parte del *establishment* político estadounidense, y Pedro Sánchez se beneficia de una menor contestación y pasa más desapercibido en la «normalidad tóxica o maligna» que emana del *totalismo* implantado por él, tras cinco años de gobiernos, según terminología de Lifton.

Tras la aplicación de los criterios señalados en el DSM-5, a Donald Trump, se desató una gran polémica ya que en EE. UU. existía la denominada regla Goldwater, adoptada por la asociación de Psiquiatría, según la cual el hecho de diagnosticar a un personaje público sin su autorización vulnera la deontología médica. Esta cuestión ya había sido debatida durante la campaña para la elección presidencial de 1964, cuando una revista lanzó un cuestionario sobre la idoneidad psíquica del candidato Barry Goldwater, al que más de mil psiquiatras respondieron negativamente sobre la aptitud psicológica del candidato para ser presidente de EE. UU. Posteriormente, Goldewater ganó un proceso por difamación contra quienes opinaron contra él. Por lo tanto, cuando Donald Trump anunció su candidatura a la presidencia llovía sobre mojado. Pero ello no fue obstáculo para que conocidos médicos advirtieran públicamente sobre la ineptitud de Trump para acceder a la presidencia, habida cuenta del trastorno de personalidad narcisista que el candidato padecía. Donald Trump se instaló en la Casa Blanca en enero de 2017 y la cuestión volvió a suscitarse. James A. Herb inició un proceso contra Trump invocando el artículo 3 de la vigésima quinta enmienda (que contempla la sustitución del presidente por el vicepresidente, en caso de incapacidad para cumplir con los deberes del cargo), que fue rechazada por el Tribunal Supremo en febrero del mismo año[22].

También en febrero de 2017, un nutrido grupo de psiquiatras y psicólogos creó la plataforma Citizen Terapists Against Trumpism

---

22   *Los Narcisos*. M. F. Hirigoyen. Paidos (2020), pp. 22-23.

para alertar sobre los peligros que el perfil psicológico de Trump suscitaba. Robert Jay Lifton y Judith Herman, dos eminentes psiquiatras, publicaron en marzo de 2017 un artículo en *The New York Times* denunciando el perfil peligroso del presidente Trump. Posteriormente otra iniciativa, Need Impeach, lanzada por el multimillonario Tom Steyer, fue firmada por más de cinco millones de ciudadanos, y una marcha de mujeres que reunió a cuatro millones de personas se manifestaron el día siguiente a la investidura de Donald Trump. Ninguna de estas iniciativas tuvo éxito y todos conocemos las incidencias habidas durante la presidencia de Donald Trump. Estas actuaciones que parecen sacadas de un *trailer* realizado en Hollywood son impensables en otro lugar que no sea EE. UU.

Por supuesto, a nadie se le ha ocurrido atribuir a Pedro Sánchez un perfil psicológico que le incapacitaría para gobernar, y es que una cosa es el atrabiliario y obsceno narcisismo de Donald Trump y otra muy distinta el formalmente atenuado narcisismo atribuible a Sánchez. No obstante, lo ocurrido en EE. UU. en referencia al trastorno de Trump nos pone sobre aviso acerca de la importancia que reviste el equilibrio psíquico de los líderes políticos.

## LA AUDACIA DEL DOCTOR JOAQUÍN SAMA

El doctor Joaquín Sama es un psiquiatra y escritor que ha publicado varios libros y artículos sobre temas de actualidad política, social y cultural. Según su propia biografía, se define como un «liberal de izquierdas, republicano y europeísta». Ha sido profesor de Psiquiatría en la Universidad Complutense de Madrid y ha trabajado en diversos hospitales y centros de salud mental.

El doctor Sama ha analizado la personalidad de algunos líderes políticos españoles, entre ellos Pedro Sánchez, a quien califica de «psicópata yonqui del poder». Según el autor, Sánchez presenta rasgos de narcisismo, maquiavelismo y psicopatía, lo que le convierte en un individuo «frío, manipulador, mentiroso, egocéntrico, irresponsable y sin escrúpulos». El doctor Sama sostiene que Sánchez ha llegado al poder mediante el engaño, la traición y el oportunismo, y que su único objetivo es mantenerse en el poder a cualquier precio, sin importarle las consecuencias para España y los españoles.

El día 28 de mayo de 2020, Joaquín Sama, jefe clínico especialista en Psiquiatría, neurología y medicina familiar y comunitaria en Córdoba, publicó un artículo de prensa donde afirmaba lo siguiente:

> Pedro Sánchez cumple los criterios diagnósticos para ser tipificado sin la menor duda como psicópata narcisista, es decir, presenta un trastorno de la personalidad de tipo narcisista, en base a los dos manuales nosológicos mundialmente reconocidos, tanto la ICD como el DSM-IV-TR.

> Es necesario advertir que los psicópatas no son enfermos mentales, sino individuos con una personalidad fuera de lo común, desviación que, de forma habitual, es fuente de problemas personales, que, a su vez, van a repercutir de modo negativo en el entorno donde viven. Innecesario es decir que cuanto mayor sea su área de influencia, mayores serán los problemas que ocasionen.

> Existen diversos tipos de psicopatías. La de Pedro Sánchez se encuadra en el grupo B, con tipificación nosológica F60.8 (trastorno narcisista de la personalidad) (…). La conclusión que se extrae al analizar la trayectoria vital de Pedro Sánchez es la imperiosa necesidad que tiene de ser admirado. Esta emoción, presente en todos los humanos, es tan intensa en él —es ahí donde radica su desviación de lo normal—, que la ha convertido en el *primum mobile* de su vida al desarrollar un proyecto vital dirigido a satisfacerla, tarea imposible de alcanzar por ser insaciable y desorbitada su necesidad de sentirse importante[23].

El artículo del doctor Sama causó el lógico revuelo en las redes sociales, pero los medios de comunicación escritos apenas se hicieron eco. Algunos lectores expresaron su acuerdo con el diagnóstico del doctor Sama y su preocupación por la situación política de España bajo el gobierno de Sánchez.

Otros lectores mostraron su desacuerdo con el artículo y lo consideraron una falta de respeto hacia el presidente del Gobierno y hacia los votantes del PSOE. Un lector comentó: «Este artículo es

---

23   ¿Nos gobierna un psicópata? (2020, 28 de mayo). J. Sama. *Confidencial Digital.* https://www.elconfidencialdigital.com/articulo/la_voz_del_lector/nos-gobierna-psicopata/20200528175459145810.html

una vergüenza. Sánchez es un presidente legítimo y democrático, elegido por los ciudadanos. No se puede insultar así a un representante público ni a sus electores». Hubo un psicólogo que se posicionó como sigue: «Este artículo es una pseudociencia. No se puede diagnosticar a una persona sin haberla evaluado personalmente ni tener su consentimiento. Además, el autor muestra un claro sesgo ideológico y una animadversión hacia Sánchez. Esto desacredita su trabajo como psiquiatra».

Ramón Nogueras, psicólogo clínico y divulgador científico, desautorizó el artículo del doctor Sama y explicó que no se puede diagnosticar a nadie sin una evaluación clínica previa. Nogueras es licenciado en Psicología por la Universidad Autónoma de Barcelona.

Sea como fuere, el doctor Joaquín Sama entendió que cumplía con su deber ciudadano y médico al informar sobre el presunto trastorno de personalidad del presidente y las posibles consecuencias sobre su gobernanza.

Traigo a colación el artículo del doctor Sama debido a la coincidencia en la utilización del test DSM-5, que también utilizaremos en este ensayo. El doctor Sama es una persona cualificada como psiquiatra y se ha atrevido a emitir un diagnóstico que entra en sus capacidades. Quien esto escribe, sin embargo, carece de una cualificación profesional para emitir algún tipo de diagnóstico, que en ningún caso nos proponemos emitir. Lo que sí realizaremos, a continuación, es una cata descriptiva entre los criterios que señala el test DSM-5 y la abundante información mediática y bibliográfica acerca del presidente del Gobierno. Pienso que estamos en nuestro derecho al tratar de conocer el perfil humano de Pedro Sánchez más allá de la propaganda y de los panegíricos al uso. Su autobiografía es susceptible de ser leída en clave crítica, así como la gran cantidad de análisis políticos y humanos concernientes al personaje.

El narcisismo, como bien señaló Christopher Lasch, es lo que identifica a nuestra cultura y sería necio renunciar al instrumento que puede a cercarnos a un mejor conocimiento de la realidad y de las personas que influyen en nuestras vidas. El estudio del narcisismo desde perspectivas que rebasan el ámbito de la Psiquiatría es un derecho funcional para quienes desean hacerse una idea cabal de las circunstancias políticas y biográficas que inciden en nuestro modo de vida.

Personalmente, pienso que Pedro Sánchez no padece ninguna patología psíquica, pero es una obviedad que muchas de sus actitudes y decisiones encajan perfectamente en una personalidad narcisista y reconocida ambición personal. En todo caso, me limitaré a señalar algunos datos relevantes de su acción política que encuentran una explicación coherente desde la observación atenta y respetuosa de su talante personal. Querámoslo o no, el narcisismo ha dejado de ser una cuestión solo observable desde la disciplina psiquiátrica para convertirse en una cuestión política y social. El narcisismo es un fenómeno que admite una mirada desde otros ámbitos, además del psiquiátrico, y es perfectamente plausible su estudio desde la Politología, la Sociología y la Historia. Vivimos los tiempos de la hibridación de las ciencias humanas, y el fenómeno del narcisismo es un perfecto banco de pruebas. Por la cuenta que nos trae, el estado mental de nuestros gobernantes y la pulsión narcisista entre otras son de incumbencia universal y constituyen elementos fundamentales en el análisis político, en el estudio sociológico y en la crítica de la historia.

Es preciso comprender el narcisismo contemporáneo de manera global, como un fenómeno social, cultural y político que influye en lo que somos. Tanto si se aborda desde el punto de vista psicológico como sociológico, debemos constatar que el advenimiento de la globalidad ha supuesto una transformación profunda de los individuos. Según Marie-France Hirigoyen:

> Hemos pasado de una cultura paternalista basada en unas renuncias que favorecían la aparición de neurosis, a una cultura basada en la libertad del individuo y la intolerancia que facilita las descompensaciones de las fragilidades narcisistas. La psicopatología de los individuos refleja los cambios de la sociedad (…). Nuestra sociedad neoliberal fabrica narcisos, y algunos ellos se convertirán en narcisos patológicos megalómanos[24].

Una de las primeras explicaciones que dan los sociólogos como causa del aumento de casos de trastorno de personalidad narcisista es la permisividad en la educación de las nuevas generaciones y el proceso de socialización que realizan la familia y la escuela. Tanto la

---

24    *Los narcisos*. M. F. Hirigoyen. Paidos (2020), p. 18.

familia como la escuela colaboran modificando la personalidad de los niños para adaptarlos a las normas sociales dominantes. En una sociedad de la imagen y de la información, centrada en el consumo y en las pantallas, el individuo solo existe por y para la mirada del «otro». Es indudable que las nuevas normas sociales centradas en la apariencia y el espectáculo facilitan la mentira y el engaño porque todo el mundo necesita promocionarse, aunque sea deformando la verdad. O, como diría Robert Jay Lifton, «perdiendo el sentido de la realidad». En todas partes asistimos a derivas de comportamiento que ya no se encuadran solo en referencias morales.

En este contexto cultural es fácil de entender el hecho de que en la política surjan, como hongos en otoño, los narcisos. Su afán de poder, sus capacidades de seducción y su habilidad para mentir y manipular los hace parecer líderes carismáticos. Cuando tan solo se trata de seres atormentados y, muchas veces, enfermos de ambición y de la pulsión del poder. Sin embargo, seguimos situando a los narcisos en la cumbre de las naciones. Por su capacidad de seducción y habilidad manipuladora nos engañan al presentarse como líderes. Su pulsión de dominación y su falta de escrúpulos les proporciona una gran ventaja para lograr lo que ambicionan.

Es preciso y urgente que aprendamos a identificar a los narcisos para detener su creciente y tóxico ascenso. La ambición de este modesto ensayo es la de definir con claridad el narcisismo en la política, para comprender el funcionamiento de estos personajes y poder atajar las consecuencias sociales de su desorbitado narcisismo. El narcisismo, que comenzó siendo una neurosis para Freud, se nos ha convertido en una pandemia que asola la justa percepción de la realidad y destruye las democracias. El populismo, sin ir más lejos, es uno de los rostros del narcisismo. Como lo es, también, la autocracia, cuando Narciso solo es capaz de verse a sí mismo en el espejo.

## LA SOCIOLOGÍA DEL NARCISISMO

Cuando a finales de la década de los setenta, Christopher Lasch publicó su ya mencionada obra *La cultura del narcisismo*, el narcisismo dejó de ser tema exclusivo del ámbito de la Psiquiatría para convertirse en objeto de estudio de la Sociología.

En su ensayo, Lasch reflexionaba acerca de cómo la sociedad moderna ha creado una personalidad narcisista, caracterizada por una baja autoestima, una dependencia de la aprobación externa, una falta de compromiso y una obsesión por la fama y el consumo. Lasch argumenta que el narcisismo es una respuesta adaptativa a las condiciones sociales de incertidumbre, competencia, individualismo y desintegración familiar. El narcisismo se manifiesta en diversos ámbitos de la vida, como la política, la educación, el arte, la religión, el deporte y la salud. Lasch también ofrece algunas alternativas para superar el narcisismo, como recuperar el sentido de la historia, fortalecer los vínculos comunitarios, cultivar la moralidad y la responsabilidad, y desarrollar una personalidad autónoma y creativa.

La Sociología del narcisismo es una corriente teórica que se inspira en las ideas de Lasch y las aplica a diferentes contextos y problemas sociales. Algunos de los temas que aborda son: el impacto del neoliberalismo y la globalización en la subjetividad, la crisis de la democracia y la emergencia de los populismos, el declive de las instituciones tradicionales y el auge de los movimientos sociales, el cambio cultural y generacional, el papel de las nuevas tecnologías y las redes sociales en la construcción de la identidad, el aumento de los trastornos mentales y las adicciones, y los desafíos éticos y ecológicos del siglo XXI. La Sociología del narcisismo pretende ofrecer un diagnóstico crítico de la sociedad actual y una propuesta de transformación social basada en valores como la solidaridad, la cooperación, el respeto y la justicia. Tras la perspectiva abierta por Lasch, otros autores han abundado en el tema desde la Filosofía política y la Sociología.

Zygmunt Bauman es uno de los principales exponentes de la teoría de la modernidad líquida, que describe la condición de incertidumbre, fragilidad y cambio constante que caracteriza a la sociedad actual. Bauman sostuvo que el narcisismo es una consecuencia de la falta de identidad y sentido que sufren los individuos en un mundo donde todo es efímero, relativo y contingente. En su libro *Vida líquida* (2005), Bauman afirmó que el narcisismo es una estrategia para escapar de la angustia existencial buscando la satisfacción inmediata, el placer superficial y la autoafirmación narcisista.

El sociólogo francés, Gilles Lipovetsky, es uno de los principales representantes de la teoría de la hiper modernidad, que plantea que la sociedad actual ha entrado en una fase de aceleración, intensificación y exacerbación de los rasgos de la modernidad. Lipovetsky ha dedicado varios libros al estudio del narcisismo, al que considera un fenómeno ambivalente y complejo. En su obra *El crepúsculo del deber* (1992), Lipovetsky defendió que el narcisismo no es solo una patología individual, sino también una forma de liberación y autonomía frente a las normas sociales impuestas. En su libro *La era del vacío* (1983), Lipovetsky señaló que el narcisismo es una expresión de la pérdida de sentido y valores que atraviesa la sociedad contemporánea, que se refugia en el hedonismo, el consumo y el espectáculo.

Richard Sennett es un sociólogo estadounidense conocido por sus estudios sobre las transformaciones del trabajo, la cultura y la ciudad en la época contemporánea. Sennett ha abordado el tema del narcisismo desde una perspectiva histórica y crítica, vinculándolo con los cambios en las formas de organización social y laboral. En su libro *La corrosión del carácter* (1998), Sennett argumentó que el capitalismo flexible y globalizado ha generado una cultura del narcisismo, donde los individuos se ven obligados a adaptarse constantemente a las demandas del mercado, perdiendo así su identidad, su continuidad y su compromiso. Para Sennett, el narcisismo es una reacción defensiva ante la inestabilidad y la precariedad que caracterizan al mundo actual.

Sobre la implicación de la Sociología, en el estudio del narcisismo Marie-France Hirigoyen opina que:

> No es fácil hacer coexistir un enfoque psicológico, a partir de la clínica y del sufrimiento de los individuos, con un enfoque sociológico o filosófico, que estudia los cambios de la sociedad. Pero los distintos campos conceptuales no son incompatibles[25].

La suspicacia, o mejor el recelo, de Hirigoyen está justificada por la banalización del término narcisismo y su utilización como cajón desastre que cada cual utiliza como quiere, es por ello que para depurar el sentido del narcisismo conviene distinguir, como

---

25   *Los narcisos.* M. F. Hirigoyen. Paidos (2020), p. 16.

ya lo hiciera Freud, entre el narcisismo primario y el secundario. El narcisismo en sí no es ninguna patología e incluso desempeña una importante función en la construcción de la propia identidad, afianzando la a autoestima para creer en las posibilidades de uno mismo y atreverse a vivir. En este sentido, el narcisismo es fundamental para verse uno mismo en positivo, siendo consciente de los propios errores y sin proyectar nuestra parte negativa en los demás. El narcisismo negativo, sin embargo, se convierte en patológico cuando un individuo está tan centrado en uno mismo que el «otro» deja de existir, salvo como espejo que refleje la grandiosidad del narciso.

Ambos narcisismos son observables desde la Sociología, pero es el narcisismo negativo o patológico el que reviste especial interés dadas las influencias negativas que acarrea para su entorno social y político. Es, por lo tanto, desde esta óptica como interesa preguntarse por el tipo de narcisismo que anima a nuestros líderes políticos. El hecho de que un personaje como Donald Trump se convierta, en virtud de su cargo, en el hombre más poderoso del mundo, es un dato que interesa desde todos los ámbitos de la ciencia humana. Es por todo lo anteriormente dicho, por lo que los hombres y las mujeres de pública proyección, y en especial los políticos, deben estar sometidos al escrutinio público, debido a las consecuencias negativas que su personalidad narcisista puede acarrear a la ciudadanía. Es en este contexto donde el presente ensayo pretende aportar su grano de arena con respecto a la importancia de los líderes narcisistas en el ámbito político y por ello, a continuación, trataremos de «describir» algunas facetas de la personalidad de Pedro Sánchez Pérez-Castejón, presidente electo del Gobierno de España.

En resumidas cuentas, nos disponemos a anotar y describir hechos, datos y palabras del presidente Sánchez, para un mejor conocimiento de su personalidad y una visión más compleja de su actividad política. Lo que sigue no pretende ser un diagnóstico, tan solo pretende acercarse a la condición humana de Pedro Sánchez. Como reiteradamente escribió Hannah Arendt, es el ánimo de comprender lo que motiva y justifica la reflexión y el estudio. Es con dicho ánimo como iniciamos la presente cata sobre la personalidad de nuestro presidente.

# CRITERIOS PARA DETECTAR EL TRASTORNO
# DE LA PERSONALIDAD DE PEDRO SÁNCHEZ

## 1. Sentido grandioso de su propia importancia

Pedro Sánchez posee un sentido grandioso de sí mismo. Se siente capacitado para ocupar las más altas cotas de poder. Pero se siente infrautilizado en el seno de su partido y le cuesta darse a conocer. Su carrera política comienza como concejal del ayuntamiento de Madrid entre los años 2004 y 2009, pero la suerte le es esquiva cuando formando parte de la candidatura socialista al Parlamento autonómico de Madrid en el número undécimo, tan solo logran escaño los diez primeros. Tampoco logra acceder, en primera instancia, al Congreso de los Diputados hasta que, con ocasión de la renuncia de Cristina Narbona, se corrió la lista y obtuvo escaño por primera vez en el año 2012. Pedro Sánchez tiene 40 años recién cumplidos cuando toma asiento en el Congreso. Es un diputado desconocido y vive con amargura y resentimiento el hecho de que sus compañeros de partido no reparan en él. Él se siente maduro y preparado para sobresalir en el partido y se siente capacitado para impulsar la regeneración de su partido. En su *Manual de resistencia* constata con acritud que: «algunos medios de comunicación empezaban a hablar de mí, pero esa élite del partido que creía saber cómo funcionaba el PSOE, no me tomaban en serio»[26].

Pese a todo, Sánchez no se amilana y continúa bregando, al tiempo que concluye la redacción de su tesis doctoral, y ya en el año 2012 alimenta su ambición de convertirse en presidente del Gobierno de España. Tras ser elegido Alfredo Rubalcaba como secretario general del PSOE, se abrió la pugna para designar el candidato a la presidencia del Gobierno. Pedro Sánchez, ese diputado desconocido y sin una trayectoria notable en el seno de su partido, se plantea optar a presidencia del Gobierno de España.

> Mucha gente veía las condiciones propicias para que alguien totalmente desconocido, como era yo, pudiera presentar su candidatura

---

26 *Manual de resistencia*. P. Sánchez. Ediciones Península (2019), p. 57.

con posibilidades. Muchos empezaron a animarme para hacerlo (…). Cuando en las Navidades de 2012, y a principios de 2013, yo empiezo a considerar seriamente en presentar mi candidatura, lo hago pensando en unas primarias a candidato para presidente de Gobierno[27].

Pero no fue un camino de rosas su acceso al primer plano del PSOE y a la política nacional. Sánchez constata en sus memorias la sorda lucha contra sus detractores, que no veían con buenos ojos sus aspiraciones políticas. Se duele ante el hecho de que las élites de su partido no sean capaces de reconocer sus méritos y capacidades. Él, que había superado *cum laude* la lectura de su tesis doctoral e incluso había presentado su libro, en el que desarrollaba su tesis, en la librería Blanquerna de Madrid, seguía sin ser «tomado en serio». Su tesis hizo que se sintiera muy orgulloso pero sus enemigos arreciaron contra él: «En un intento torticero de emplear bulos y rabia a partes iguales (mi libro) ha sido cuestionado sin ningún fundamento»[28].

En la lectura de su libro de memorias es observable el constante vaivén entre la percepción de su alta valía e importancia y el sentimiento de víctima al percibirse como no reconocido en lo que vale:

> Mis detractores empezaron en seguida a hacerse notar, me encontré frente a la desagradable sensación de estar siendo juzgado antes de tiempo. El hecho fue que mis críticos empezaron en seguida a aventar sus discrepancias y mis supuestas incapacidades[29].

La personalidad narcisista de Pedro Sánchez tolera mal a sus críticos y será este un rasgo característico de su manera de encarar la acción política. Toda crítica, todo disenso, será asumido como un ataque personal y actuará en consecuencia. No concibe que su entorno no asuma la grandeza de su personalidad y no se dé cuenta de las altas capacidades de las que se cree investido.

Sánchez siempre estuvo convencido de que estaba llamado a ocupar las más altas magistraturas, y mientras espera para darse

---

27  *Ibid.*, p. 56.
28  *Ibid.*, p. 57.
29  *Ibid.*, p. 68.

a conocer en toda su grandeza se compara con su admirado Bill Clinton:

> Decidí que quería comprometerme a fondo, como Bill Clinton, de una manera duradera y permanente, con esa naturaleza especial del compromiso político que lleva uno a dejar en el empeño no solo su tiempo y su esfuerzo material o intelectual, sino su cuerpo, sus días y, en suma, su vida[30].

El día en el que Pedro Sánchez presentó su candidatura a la presidencia del Gobierno de España decidió envolverse en una enorme bandera española solo comparable al tamaño de sus ambiciones, pero una vez más, su entorno no comprendió la intencionalidad de su desmesura, ya que tan solo pretendía reivindicar el símbolo de la bandera española que la izquierda no termina de asumir como propia. Sánchez no puede ocultar la amargura que su gesto genera en algunos sectores de su partido.

> Tal cual imaginé, el acto generó polémica. Por un lado, positiva, puesto que abrió el debate de por qué la izquierda había renunciado durante tanto tiempo a lucir los símbolos nacionales. Pero por otro, provocó una polémica negativa, porque mis adversarios internos lo utilizaron para tratar nuevamente de desgastarme[31].

«Los adversarios internos y «mis detractores» son mencionados una y otra vez por Pedro Sánchez, donde contrasta la grandeza de su persona con la mezquindad de quienes no se dan cuenta de con quién se relacionan. El desdén y el rencor hacia quienes le critican, o simplemente no reconocen la verdadera dimensión de su grandiosa persona, será una constante de su personalidad narcisista que se niega a asumir cualquier atisbo de duda o crítica sobre sus actuaciones.

Pedro Sánchez posee una peculiar concepción de la historia. Una de sus obsesiones es la de cuestionarse el lugar que la historia le vaya a deparar. Atribuye el calificativo de «histórico» a cuantos triunfos y resultados le parecen dignos de formar el caudal de la historia de

---

30  *Manual de resistencia.* P. Sánchez. Ediciones Península (2019), p. 100.
31  *Ibid.,* p. 102.

España e incluso de España y del mundo. Por ejemplo, sus políticas en el ámbito del feminismo los califica de históricos y le sitúan en la vanguardia de Europa y del mundo. Poco importa si en realidad alguna de esas políticas contribuye a rebajar las penas de centenares de sentenciados por violencia machista o provocan la excarcelación de decenas de violadores. Con su particular criterio, es capaz de calificar de triunfo histórico el haber obtenido el peor resultado electoral de la historia del PSOE desde la Transición: «Se me ha criticado mucho por afirmar aquella noche: "hemos hecho historia, hemos hecho presente y el futuro es nuestro[32]"».

Es típico del trastorno de personalidad narcisista la incapacidad de ejercer la autocrítica y reconocer tanto los errores como los fracasos. El narcisista exacerbado es inmune a la crítica e incapaz de la reflexión autocrítica, con lo que ello supone de pérdida del sentido de realidad. Al obtener los peores resultados electorales del PSOE, Pedro Sánchez evita la crítica y se escuda en la oposición latente en sus filas para convertir el fracaso en ventana de oportunidad:

> La oposición latente se fortaleció y vio la ocasión de acabar con mi mandato como secretario general interpretando torticeramente los resultados. No cabe duda de que, como máximo líder del partido, era yo quien debía rendir cuentas y quien ostentaba la responsabilidad última de todo cuanto ocurriera incluidos los resultados electorales[33].

No es de extrañar que en cada una de sus debacles electorales siempre haya resaltado el triunfo implícito o la oportunidad explícita de convertir una derrota en victoria. Así ocurrió la noche del 23 de julio de 2023, cuando tras haber vencido el PP en las elecciones, ni siquiera consideró la necesidad de felicitar al adversario, sino que se apresuró a cantar victoria desde una tarima improvisada en Ferraz, donde apareció eufórico gritando: «Somos más. Muchos más». Muchos españoles se acordaron de Donald Trump cuando este exhortó a sus seguidores para que asaltaran el Congreso de Estados Unidos, al reivindicar su triunfo a pesar de la derrota.

---

32    *Ibid.*, p. 116.
33    *Manual de resistencia*. P. Sánchez. Ediciones Península (2019), p. 118.

La personalidad narcisista impide ver la realidad en su desnuda facticidad, y ante cualquier adversidad es capaz de imaginarse una realidad virtual, a pesar de que dicha realidad imaginada conlleve inexorablemente a la mentira o incluso al ridículo. El sentido grandioso de la propia importancia suele jugar, a veces, una mala pasada al narciso. Es lo que ocurrió cuando recién proclamado presidente del Gobierno de España, Pedro Sánchez acudió con su esposa a la recepción de los reyes con motivo del día de las Fuerzas Armadas. Toda España pudo ver el «malentendido» protocolario que Pedro Sánchez y su consorte cometieron durante el transcurso del acto, celebrado el día 12 de octubre de 2018. Así nos lo narró el noticiario de Antena 3:

> El presidente del Gobierno y su esposa fueron los primeros que saludaron a los monarcas, pero después se colocaron junto a ellos para estrechar la mano al resto de asistentes al evento. Sin embargo, rápidamente un miembro de la Casa Real acudió a decirles que se retiraran. Desconcertados y con cara seria, el matrimonio se marchó de la sala.

La embarazosa situación vivida no impidió que Pedro Sánchez reincidiera en múltiples ocasiones, hurtando al monarca su primacía protocolaria. Es conocido el ninguneo político al que en reiterados contextos se ha visto sometido el rey de España por parte de Pedro Sánchez y su Gobierno. Una de las características, como luego veremos, del trastorno de la personalidad narcisista es la envidia, y no sería aventurado afirmar que el presidente del Gobierno español ha dado motivos para pensar en la existencia de ciertos recelos y pugnas por su primacía con respecto a la monarquía española. El sentido grandioso de la propia importancia convive mal con quien ostenta una magistratura superior en virtud de su cargo.

El narciso ambiciona siempre situarse por encima de los demás y piensa que todos los elogios y honores le son debidos. En el caso de Pedro Sánchez, destaca su ambición por ostentar cargos y mandatos que denotan su sed de preeminencia y admiración. Es de destacar, en este sentido, su nombramiento como presidente de la Internacional Socialista que tuvo lugar en Madrid, en noviembre de 2022.

Fundada en 1951, la Internacional Socialista (IS) agrupa a 132 partidos socialistas, socialdemócratas y liberales, y ha tenido como presidentes a iconos de la socialdemocracia como Willy Brandt y António Guterres. Sobre el papel, se trata de una organización que debería tener una enorme capacidad de influencia en los organismos internacionales. Sin embargo, la IS languidece desde hace años con unos dirigentes que se habían eternizado en sus cargos durante décadas. Los principales partidos socialdemócratas de Europa se han ido dando de baja de la IS, y ni Alemania, Francia, Austria, Suecia y Dinamarca figuran ya en su seno. Pedro Sánchez, sin embargo, vio la posibilidad de rentabilizar el prestigio que da cualquier distinción de índole internacional y no dudó en postularse para el cargo. En la toma de posesión del cargo emitió un ambicioso mensaje a la medida del personaje. «Debemos tener una colaboración especialmente activa con las organizaciones internacionales, con Naciones Unidas a la cabeza. El multilateralismo está en el corazón de la Internacional Socialista». Suena como si Pedro Sánchez se impusiera la próxima meta: la ONU.

## 2. Fantasías de éxito ilimitado, poder, esplendor y belleza

La epidemia del covid-19 pilló a todos desprevenidos. Desde que se declaró en China no hubo tiempo ni manera de prepararse a su envite. No obstante, algunos países afrontaron la epidemia mejor que otros. España, en concreto, fue unos de los países que reaccionaron tarde y mal. La epidemia puso pronto en evidencia las carencias del sistema sanitario español, que ya adolecía de graves déficits que el sistema trató de ocultar y fue incapaz de paliar. Muy pronto, España destacó por la virulencia de los efectos devastadores de la epidemia. España fue líder en número de muertos que ascendieron, según fuentes dignas de crédito, a más de 160.000 fallecidos, que el Gobierno contabilizó a la baja.

La pandemia afectó a todos los países, pero a algunos más que otros, y España resultó ser uno de los más afectados tanto por el número de muertos como por la grave caída económica que supuso. Sencillamente, algunos países actuaron con más presteza, mejores medios y políticas más sensatas.

España actuó tarde y con escasos medios sanitarios. La víspera de la declaración del estado de alarma, el Gobierno autorizó multitudinarias manifestaciones que fueron potenciadas desde instancias gubernamentales por razones de índole política e ideológica. Muy pronto se pudo constatar la ausencia de material higiénico y sanitario, que puso en la primera línea de los contagios a los profesionales sanitarios. Faltaron mascarillas, batas sanitarias y respiradores en clínicas y hospitales. El Gobierno, por su parte, optó por decretar el confinamiento de la población prohibiendo la circulación en el todo el territorio nacional, con lo que ello supuso de paralización de la economía, que se tradujo en una espectacular caída del PIB de doce puntos. El instrumento que el Gobierno habilitó para el control de la situación fue la declaración del estado de alarma por dos veces consecutivas en los meses de marzo y junio de 2020.

La declaración del estado de alarma supuso, prácticamente, el cierre del Parlamento, que se vio imposibilitado para controlar y fiscalizar al Gobierno. La única tarea del Congreso de los Diputados se redujo a las sucesivas aprobaciones de las prórrogas del estado alarma.

El Tribunal Constitucional declaró *a posteriori* la inconstitucionalidad de los decretos firmados por el presidente Sánchez que, por su parte, se dedicó a comparecer asiduamente en TVE con charlas y prédicas, infundiendo ánimos a la población, al tiempo que justificaba y elogiaba las actuaciones del Gobierno. Incesantemente, el Gobierno justificó sus actuaciones escudándose en un supuesto comité de expertos, que más tarde se descubrió, era inexistente.

La situación no comenzó a mejorar hasta que fueron patentadas las primeras vacunas que fueron financiadas y remitidas por la Comunidad Europea. Es con la campaña de vacunación, que el Gobierno se apresuró a reivindicar para sí, cuando la epidemia comenzó a remitir.

Esta calamitosa situación, que provocó la muerte de una ingente masa de personas y la caída de nuestra economía hasta límites jamás conocidos, fue aprovechado por Pedro Sánchez para construir un relato de éxitos y logros que en nada se parecían a la realidad. La fantasía y la propaganda sustituyeron a la verdad de lo ocurrido y Sánchez pudo, de ese modo, arrogarse la salvación de centenares de miles de vidas en la población.

Este tipo de fantasías y relatos publicitarios obedecen al segundo de los criterios tipificados como propios del trastorno de personalidad narcisista, que el test DSM-5 establece.

Si nos hemos dilatado en el tema de la actuación gubernamental presidida por Pedro Sánchez, es debido a su carácter didáctico por cuanto que pone en evidencia las fantasías de éxito ilimitado del presidente, que no duda en recurrir a la propaganda mendaz cuando se trata de escurrir el bulto y arrogarse éxitos ajenos. En los momentos más acuciantes de la crisis de covid-19, Sánchez no dudo en ocultar su responsabilidad, recurriendo a una añagaza que bautizó con el pomposo nombre de «cogobernanza». El recién estrenado concepto pretendía la corresponsabilidad del Gobierno central con las autonomías, escudándose en el hecho de que el grueso de las políticas sanitarias habían sido cedidas a las autonomías.

Dicha cogobernanza consistía en una serie de reuniones, por vía telemática, en las que el Gobierno notificaba y justificaba sus políticas sin dar opción a réplica ni consenso. El Gobierno de Sánchez hurtaba de este modo su responsabilidad política en la epidemia del covid-19. Es este un comportamiento típico del trastorno de personalidad narcisista, que suscribe todos los éxitos tanto propios como ajenos y es incapaz de reconocer ningún fracaso ni culpa. La autocrítica es impensable en las personas aquejadas del trastorno de personalidad narcisista.

Otro de los éxitos que Pedro Sánchez se arroga es la famosa ley del «sí es sí» (Ley Orgánica 10/2022 de 6 de septiembre, de garantía integral de libertad sexual), patrocinada por la ministra Montero y avalada por el Consejo de Ministros presidido por Sánchez. El presidente Sánchez se siente ufano de dicha ley que, según él, sitúa a España en la vanguardia mundial de los derechos de la mujer. Ocurre, sin embargo, que la mencionada ley ha provocado efectos «no deseados», al provocar una gran lista de revisiones a la baja de condenas, que todavía continúa a pesar de las correcciones introducidas con el concurso del PP. Dicha revisión de condenas ha arrojado, hasta la fecha en la que se escribe este ensayo, un total de 1250 rebajas de condenas a reos sentenciados por violencia sexual, de los que 120 han sido excarcelados. En el momento en el que la frustrada y nefasta ley fue corregida por las Cortes, el presidente Sánchez escurrió el bulto y ni siquiera asistió a la votación.

Nada diremos aquí del éxito ilimitado en belleza, tal y como recoge el enunciado de este segundo epígrafe, que denota el trastorno de personalidad narcisista. Tan solo nos remitimos a las alusiones más o menos sarcásticas del presidente a su aspecto físico, en sus mencionadas memorias. Sánchez alude allí al apodo de Pedro, *el Guapo*, que según declara, no se sabe si con deleite o con rencor, algunos le endilgan.

Tampoco nos extenderemos aquí sobre los cuantiosos logros y éxitos económicos y sociales que Pedro Sánchez pregona haber obtenido. Dichos éxitos han de ser, en todo caso, relativizados, ya que no comportan ningún logro más allá de recuperar, tarde y mal, las posiciones perdidas con ocasión del covid-19. España es el país europeo que cayó más bajo, y es el último en haberse recuperado. Aunque luego aludiremos a ello, lo cierto es que, en los cinco años de Gobierno de Sánchez, España se ha empobrecido y la tasa de pobreza infantil afecta a un tercio de la población. Un incierto éxito del que pavonearse.

## 3. Creer ser especial y único. Solo pueden comprenderlo quienes son de su nivel

Pedro Sánchez cree estar muy por encima del nivel de sus contrincantes. Quienes no saben apreciar sus muchas cualidades son unos pobres diablos, a los que la envidia y la superioridad ajena les impide ver su grandeza.

El saberse especial y único es una constante en sus memorias (*Manual de resistencia* y *Tierra firme*). Desde muy joven aspiró a ser el secretario general de su partido y presidente del Gobierno de España. Es indudable que no cualquiera accede a las cotas de poder que Pedro Sánchez ha alcanzado siendo todavía muy joven, pero no ello obsta para que la excepcionalidad de su biografía pueda agregarse al activo de su trastorno de personalidad narcisista. El narcisismo es, en todo caso, una característica de la mayoría de los líderes del ámbito de la política, las finanzas o la empresa. No es posible alcanzar el éxito político, social o la mera fama sin una gran dosis de narcisismo primario y autoestima. Otra cosa es saberse único y especial a la hora de justificar actuaciones o decisiones, con el pretexto de su singularidad.

Algunos analistas han reparado en que Pedro Sánchez tiene una cierta, por no decir acusada, tendencia al ejercicio personal del poder. Su personalismo ha quedado en evidencia en múltiples ocasiones en las que su persona ha protagonizado actos y decisiones políticas sin previa consulta a los órganos competentes e incluso a su entorno más próximo. No nos referimos, tan solo, a la personificación de las campañas electorales en las que su personalidad y actuación personalista ha redundado negativamente en los resultados. Un hecho paradigmático que denota su personalidad narcisista es la toma de decisiones que afectaron al cambio de la política exterior española en relación con Marruecos.

Es un misterio que Pedro Sánchez no ha esclarecido hasta la fecha, el motivo veraz y contrastado por el que la política española sobre el Sahara cambió de la noche a la mañana sin que el Congreso de los Diputados ni su Consejo de Ministros fueran informados de ello. Sin consultarlo con nadie, que se sepa, la política española dio un giro de 180 grados, ocasionando graves pérdidas económicas y alterando nuestra fuente de suministro energético en plena crisis energética mundial. Argelia, que había sido uno de nuestros principales suministradores de gas, denunció de inmediato los contratos vigentes con España e incluso paralizó el pago a las empresas españolas que colaboraban con el estado argelino. Sánchez ni se explicó, ni se excusó. Fue la decisión soberana de un autócrata.

Los sesgos personalistas de algunas conductas del presidente Sánchez denotan rasgos indudablemente autocráticos que, a veces, incluso rozan la ilegalidad. Es el caso ya comentado de los decretos de alarma «dictados» *motu propio*, que el TC se encargó de sentenciar como no ajustados a la ley. Su personal decisión de cambiar la política exterior referida al Sahara incide en la misma dirección, y es que nuestro presidente, como luego veremos, cree estar por encima de la ley y compromete decisiones, que solo son reguladas *a posteriori*, como lo fueron los indultos a los independentistas catalanes que dieron un golpe de estado o los cambios *ad hoc* del Código Penal.

Quien se siente especial y único suele diseñar a sus adversarios a los que les niega incluso el derecho de existencia (política, por supuesto). Es lo que ocurrió en el Parlamento español el día 26 de septiembre de 2023, durante la investidura de Alberto Núñez Feijóo. Feijóo defendió su candidatura para formar Gobierno, mandatado por el rey Felipe vi, al haber triunfado en las elecciones legislativas celebradas el 23 de julio. Feijóo explico su plan de gobierno de forma dilatada y pausada, valiéndose del generoso margen de tiempo que el reglamento del Congreso le otorgaba. Pedro Sánchez, presidente provisional del Gobierno, siguió el discurso del candidato con un lenguaje corporal no exento de gestos de disgusto y desdén. Concluido el discurso del candidato, correspondía al siguiente partido más votado la réplica al parlamento de Feijóo. En el ambiente flotaba la incertidumbre de si sería el propio Sánchez o su portavoz quien intervendría, pero nadie esperaba que la presidenta del Congreso anunciara el nombre de Oscar Puente, diputado del PSOE por Valladolid.

Sánchez reusó hacer uso de la palabra e incluso renunció a que lo hiciera su portavoz habitual, tal como los usos parlamentarios y la cortesía institucional mandaban, y optó por montar un espectáculo bufo por medio del diputado Puente. Nada más culminar la intervención del diputado, la mayoría de los medios de comunicación calificaron duramente el desafuero promovido por Sánchez y el calificativo menos duro definió como «jabalí» al diputado de Valladolid. En efecto, Oscar Puente atacó con furia al candidato Feijóo haciendo uso de un lenguaje tabernero y despectivo, poniendo en duda incluso la dignidad personal del candidato a ocupar la presidencia del Gobierno. Con sarcasmos zafios e ironías chuscas arremetió contra Feijóo ante el alborozo de los diputados del PSOE y del propio Pedro Sánchez, que celebraba las salidas de tono de su representante. Al finalizar el grotesco espectáculo, Sánchez abrazó al orador socialista con semblante feliz y risueño. Hasta aquí la anécdota que bien merece algunas consideraciones.

En primer lugar, es de destacar la ofensa y el menosprecio que denotan el abstenerse de replicar al candidato. Ello significa, cuando menos, tres cosas: la primera de ellas es la falta de consideración al candidato con quien no se rebaja a debatir. Sánchez no considera digno a su adversario y con ello reafirma su autopercepción como persona única y singular, que tan solo puede ser cotejado con sus iguales. La segunda conclusión que cabe inferir de la actitud de Sánchez es su cobardía, inseguridad y temor a debatir con su oponente, sometido a las reglas parlamentarias que ignoraban su estatus «especial». En tercer lugar, la actitud de Pedro

Sánchez denota el desprecio institucional a la persona del rey, que optó por priorizar al candidato del PP como primer candidato a la investidura y no a Pedro Sánchez, que desde la noche electoral se autoproclamó vencedor de las elecciones, pese a haber obtenido menos votos que Feijóo.

La actitud de Sánchez, en definitiva, corrobora con fuerza el tercer criterio del test DSM-5, que se refiere a quienes en virtud de su trastorno de personalidad narcisista se creen únicos y especiales, desdeñando medirse con quienes el narciso considera indignos de ser contrastados en igualdad de condiciones.

La actitud narcisista de Sánchez tenía numerosos precedentes de ninguneo y desprecio al jefe de la oposición. Por ejemplo, en el Senado, donde pudiendo intervenir sin límite de tiempo, se dedicó a machacar a su oponente sin que este pudiera replicar en igualdad de condiciones. Atacar al adversario valiéndose de los privilegios del poder demuestra la catadura moral del atacante, y no deja lugar a dudas sobre el supremacismo con el que se conduce el narciso ante el discrepante.

El uso y abuso de los privilegios del poder, sin otro fin que el de marcar la diferencia con sus oponentes, es otro de los rasgos habituales del Sánchez especial y «unigénito». El uso indiscriminado del avión presidencial y la utilización de las residencias del patrimonio del Estado para sus estancias vacacionales indican el afán desmedido por destacar en la primacía del poder y en sus símbolos. El oropel y la admiración que precisa el narciso, son otros tantos síntomas de un desarreglo de la personalidad, tal como se indica en el siguiente epígrafe, cuarto criterio del test DSM-5.

## 4. Necesidad excesiva de ser admirado

España es uno de los países más afectados por la pandemia del covid-19, pero no es el único. España perdió más de once enteros porcentuales de su PIB y cuenta en su pasivo el mayor número de fallecidos proporcionales por culpa de la epidemia. Una de las principales fuentes de ingresos es el turismo internacional, que se ha visto seriamente afectado; además, la caída de la productividad industrial ha impulsado los endémicos índices de paro. España sufre bajo la inmensa deuda que pesa sobre ella y que supera con creces al producto interior bruto. España necesita ayuda con urgencia debido a las fallas económicas, que la crisis del covid-19 ha puesto en evidencia. Algunos de los déficits son imputables a la manera en que el Gobierno de Pedro Sánchez ha encarado la crisis. El confinamiento de la población y la parada productiva decretada no son ajenas a la situación que vive el país. Algunos economistas hablan de una posible intervención por parte de las autoridades europeas tal como, no hace mucho, ocurrió con Grecia y Portugal, pero nada de eso ocurrirá. Europa se apresta a ayudar a los Estados más necesitados y para ello no dudará en endeudarse emitiendo deuda con la garantía de la Unión Europea. La inmensa cantidad de dinero que Europa se dispone a emplear para que la economía se recupere alcanza la fabulosa cifra de 750.000.000 millones de euros. España resultará ser el país más agraciado por la ayuda europea.

La operación de salvamento lleva el nombre de Next Generatión, y pretende ser la garantía de que las nuevas generaciones no padezcan la brutal impronta de la crisis endémica. España recibirá más de 150.000 millones de euros entre subvenciones y créditos. Esa será la aportación de Europa, y España tan solo tendrá que afrontar algunas reformas urgentes para superar algunas de sus rémoras estructurales.

Todo el mérito de la operación de salvamento corresponde a Europa, pero será Pedro Sánchez quien se pondrá las medallas.

En efecto, cuando Pedro Sánchez regresa a España con la promesa de los 150.000 millones bajo el brazo, la Moncloa improvisa un pasillo con los miembros del Consejo de Ministros para recibir entre aplausos y vítores al presidente del Gobierno que acoge ufano el homenaje. Es su estilo. Es la manera que tienen sus asesores y colaboradores para adular y agasajar al líder. La imagen preside los telediarios de TVE y su mensaje es tan incierto como explícito: España recibirá 150.000 millones de euros gracias al buen hacer de nuestro presidente. Ni un ápice de autocrítica, ni un asomo de responsabilidad política por las cosas que no funcionaron, ni una petición de perdón por las manipulaciones y mentiras durante la crisis sanitaria. Tan solo los aplausos a la mayor gloria del presidente.

Los enormes recursos concedidos por la Unión Europea se utilizarán con opacidad y manifiesta falta de eficacia, con serios problemas para realizar una inversión ágil y productiva. Las promesas de reformas se anquilosan y el Gobierno de Pedro Sánchez utiliza el dinero de manera discrecional. Los escándalos se suceden y el Gobierno oculta las razones de algunas subvenciones derivadas de los fondos europeos. En la memoria de todos pervive la subvención de más de medio centenar de millones de euros, a una empresa quebrada de nombre tan sonoro como Plus ultra, dueña de una flota de cuatro aviones y reconocidos vínculos con la dictadura venezolana.

En el momento de escribir el presente ensayo, noviembre de 2023, el Gobierno tiene notables dificultades para realizar el gasto e inversión de la millonaria ayuda europea y se elevan voces del tejido industrial español con la queja de que los fondos europeos no acaban de llegar a la economía productiva. Pedro Sánchez ni sabe, ni responde.

Nos hemos demorado con cierto detalle para concluir alguno de los hábitos más característicos del narciso que nos preside. Pedro Sánchez se apunta todas las victorias y todos los logros, y no reconoce ninguno de sus fallos. Trata de convertir las derrotas en victorias que alimentan su insaciable necesidad de aplauso y admiración, la cual constituye uno de los criterios fundamentales para inferir la existencia de un trastorno de personalidad narcisista.

El círculo de asesores y colaboradores del presidente, tanto en el partido como en el Gobierno, se ha especializado en organizar improvisados espectáculos de agasajo y homenaje a Pedro Sánchez, que suelen ser transmitidos de inmediato por los medios gubernamentales. La propaganda política es, además, constante y es una manera recurrente de hacer de la política un espectáculo. El mensaje de la mencionada propaganda consiste, fundamentalmente, en convertir los fallos y fracasos en victorias. En la retina de todos los españoles perduran los aplausos con los que Sánchez fue acogido por sus fieles, tanto en el partido como en el Parlamento, en las reuniones del grupo parlamentario tras sus debacles electorales. Sus fieles puestos en pie rompen en aplausos sostenidos para homenajear a su jefe. Ocurrió en la debacle electoral del PSOE, en las elecciones autonómicas de 2023, en las que impuso su presencia a los líderes socialistas de las autonomías y planteó las elecciones como un plebiscito a su persona. La derrota fue sonada, pero nada evitó que en la reunión del Comité Federal los asistentes irrumpieran en enfervorizados aplausos, sin que ninguna crítica tuviera lugar.

En la noche electoral de las elecciones legislativas de julio de 2023, el PP resultó ser el ganador, mientras el PSOE cosechó un discreto segundo lugar, pero ello no fue óbice para que Sánchez reivindicara sus resultados como los del triunfo indiscutible. Ante el asombro de propios y extraños, Pedro Sánchez se subió a una improvisada tarima, para desde allí proclamarse vencedor. En la subsiguiente reunión del grupo socialista en el Congreso, Sánchez fue aclamado entre aplausos como el vencedor indiscutible. En la noche electoral, es costumbre en todas las naciones del mundo que el ganador de la contienda electoral sea felicitado por quienes han perdido. Por supuesto, Sánchez no felicitó a Nuñez Feijóo, que fue el vencedor de las elecciones.

Llama la atención el culto a la personalidad de la que disfruta el presidente Sánchez, que recuerda a regímenes políticos de otras latitudes. Putin, Trump o Xi Jinping se ven rodeados por un profuso culto a la personalidad, que consideran tan justificado como merecido. Algunas actuaciones y apariciones públicas de Sánchez nos recuerdan el culto a la personalidad del que los mencionados políticos disfrutan. No es muy normal ni habitual que un líder de una democracia europea reciba semejante culto. No está en los estándares políticos y culturales de una democracia al uso.

De la necesidad imperiosa de ser aplaudido y admirado dice mucho la confección de sus memorias, con el título de *Manual de resistencia*, llevada a cabo con la colaboración de una conocida escritora. No es muy usual que alguien que apenas ha cumplido la cuarentena publique sus memorias. Tampoco lo es el que Sánchez haya rodado toda una serie —todavía no comercializada— de su vida en la Moncloa, relatando el día a día de un presidente de Gobierno. Todo parece indicar que tanto las memorias como la serie televisiva obedece al impulso y a la necesidad de ser admirado y agasajado. Todo buen narciso necesita del espejo de la adulación por saberse acreedor de todo cuanto le es debido. De esa necesidad versará el epígrafe siguiente, que describe el quinto criterio del test DSM-5, el cual ayuda a identificar el trastorno de personalidad narcisista.

## 5. Cree que todo le es debido y sus deseos deben cumplirse de inmediato

Es esta una de las características del narciso infantil. El niño lo desea todo porque le corresponde y lo quiere ya. Pero el problema se presenta cuando un narciso adulto pretende que sus deseos se conviertan en realidades inmediatas, en ese caso nos hallamos ante un narcisismo de índole patológica.

Pedro Sánchez ha dado muestras de una gran ambición, que puede ser meritoria en un político, un empresario e incluso un creador artístico, pero la ambición ha de estar sujeta a la realidad de lo alcanzable y, sobre todo, ha de estar sometida al imperio de la legalidad. La democracia, sin sometimiento a la ley asumida por la mayoría, deja de serlo y es que el Estado de derecho es por definición un Estado sometido a la ley y a las reglas de juego. Es la ley democrática la que nos hace libres e iguales a los ciudadanos. La arbitrariedad es la antinomia de la democracia. Vienen a cuento estas evidencias por la razón de que se suele afirmar que a Pedro Sánchez le molestan, a veces, la legalidad y los formalismos de la democracia, en tanto en cuanto le impiden cumplir sus propósitos y lograr sus deseos. Es esta una grave afirmación que es preciso analizar en sus justos términos.

Nos hemos referido ya a algunas de las ilegalidades cometidas por Pedro Sánchez y declaradas como tales por el Tribunal Constitucional. En el caso de la declaración de los dos estados de alarma declarados en 2020, Pedro Sánchez abusó de su poder al decretar el confinamiento de la población y el cierre del Parlamento, lugar donde se residencia la soberanía popular. En aquellas ocasiones se vulneraron derechos fundamentales de los ciudadanos y así lo sentencio el TC.

Los modos de gobernanza de Pedro Sánchez pecan a veces del apremio y de la inmediatez, y lo confirma el hecho de su preferencia a gobernar mediante los decretos leyes, sin tener en cuenta la necesaria urgencia de dichos decretos que en su mayoría no llegan a transformarse en leyes. Esta tendencia manifiesta a gobernar mediante el decreto ley denota una doble anomalía que bien podría tener por fundamento la personalidad narcisista de nuestro presidente. La doble anomalía que sugerimos consiste, en primer lugar, en la voluntad de obviar el control parlamentario a la tarea legislativa del Ejecutivo presidido por Sánchez y, en segundo lugar, la urgencia que la personalidad del presidente imprime a todos sus deseos. El niño desea que sus deseos se cumplan y se cumplan ya. De igual modo, los narcisos adultos pretenden colmar sus deseos, proyectos y planes de manera inmediata. La tramitación de las leyes requiere largos procesos de estudio, debate, comparación y coherencia legislativa que entorpecen la celeridad de su aprobación. La engorrosa tramitación de las leyes provoca en los temperamentos narcisistas la irritación y enfado, que se pretenden evitar mediante el recurso al decreto ley. Ocurre, a veces, que las prisas son malas consejeras y de ello tenemos constancia por la acelerada tramitación de leyes, como la conocida como ley del «sí es sí», que han provocado efectos indeseados por haber desatendido las voces expertas que aconsejaban una elaboración más técnica, en detrimento de su carga ideológica.

Pero además de la celeridad y la imperiosidad observables en algunas leyes decretadas por el Gobierno «progresista» y que pueden ser imputables a los sesgos del carácter de nuestro presidente, existe otra dimensión en la labor legislativa del Ejecutivo de Sánchez, que bien podríamos definir como leyes dictadas al filo de la legalidad vigente y que denotan una evidente voluntad arbitraria: «lo quiero, luego lo decreto», que está en las antípodas de las normas que rigen la democracia representativa.

Entre estas iniciativas legales dictadas por la voluntad y el interés personal de Pedro Sánchez destacan los indultos a los juzgados por rebelión y malversación por su participación en el golpe de estado de 2017 en Cataluña, con el que se culminó el llamado *procés*, encaminado a la declaración de la independencia de Cataluña. Con los indultos se iniciaba una política de *desjudicialización* de la revuelta catalana y sus consecuencias. La desjudicialización, en cuestión, pretendía conceder la inmunidad a quienes atentaron gravemente contra la unidad nacional, y a tal efecto Sánchez derogó algunas de las penas vigentes en el Código Penal, referidos al delito de sedición y al de malversación.

Sánchez propagó un relato según el cual con los indultos y los cambios del Código Penal se pretendía «desinflamar» la situación política catalana, al tiempo que se abogaba por la convivencia ciudadana. Este relato pantalla trataba, inútilmente, de vender los indultos como una generosa política de reconciliación, cuando de lo que se trataba era de pagar la deuda contraída con los independentistas a cambio de su apoyo al Gobierno minoritario de Pedro Sánchez. Se trató de vender un acto políticamente virtuoso, cuando tan solo se trataba de un acuerdo indigno, que ponía a la judicatura española al pie de los caballos. Esta infausta operación de *desjudicialización* culminaría en noviembre de 2023, con la vergonzante ley de amnistía, proclamada en pago a los siete diputados de Junts, imprescindibles para ser reelegido presidente del Gobierno.

En definitiva, con *desjudicializar* se quería significar la abolición de las leyes que estorbaban el deseo de Sánchez de ser presidente y alcanzar un acuerdo de legislatura con el independentismo catalán que, sin disimulo alguno, ponía en evidencia a nuestro narciso presidente al afirmar que *ho tornarem a fer*.

Conviene recordar aquí que la bandera que Pedro Sánchez levantó para hacerse con la Secretaría del PSOE primero, y con la presidencia del Gobierno después, no era otra que el de la regeneración política y la lucha contra la corrupción; pues bien, en su pacto con el independentismo catalán para alcanzar la presidencia de España, despenalizó el delito de malversación por el que sus socios de legislatura fueron condenados. Al narciso político le estorban las leyes, y la legalidad la percibe como un hándicap cuando desea conseguir sus deseos a toda costa.

Es, tal vez, por considerar las leyes como frenos para obtener sus deseos, que Pedro Sánchez ha pretendido colonizar el poder judicial, que en democracia ejerce de contrapeso al poder, a veces, arbitrario del ejecutivo. Los indultos concedidos a los golpistas catalanes lo fueron contra la expresa opinión del tribunal que los juzgó. En su labor de colonizar el poder judicial, Sánchez ha actuado sin disimulo cuando nombró a una exministra a la cabeza de la Fiscalía General del Estado. De manera similar, sin complejos ni disimulos, maniobró para neutralizar al Tribunal Constitucional y cortocircuitó al Consejo General del Poder Judicial al no poderlo instrumentar como pretendía. El presidente Sánchez gobierna en el filo de la navaja de la legalidad, y no duda en manifestar su enfado cuando la judicatura no cede ante su desatada ambición. Cuando Sánchez aboga por la *desjudicialización* de la política, lo que pretende es situarse por encima de la ley. Para ello no duda en contraponer la ley con la voluntad popular o incluso con el interés general; eso sí, interpretando siempre la voluntad y el interés general según su libérrima voluntad e interés personal. Pedro Sánchez, como buen narciso, pretende que todo le sea lícito y que sus deseos se conviertan en leyes, ya que no en vano cree encarnar en su persona la virtud pública e incluso la razón de Estado. Él es, también, quien encarna la voluntad popular y al reivindicarlo en exclusiva establece el axioma seminal del populismo. «El pueblo soy yo», piensa Sánchez en su ensoñación narcisista, pero no acaba ahí la cosa, también, el partido es él. La democracia es el gobierno de las leyes con el presidente Sánchez, sin embargo, la democracia muta hasta convertirse en el reino de la arbitrariedad narcisista.

## 6. Explota al otro en las relaciones interpersonales. Utiliza a los demás para sus fines

Para el típico narciso, el otro no existe o, mejor dicho, tan solo existe como posible instrumento a su servicio. Nuestro presidente tiene merecida fama de utilizar a cuantos le rodean y prescindir de su servicio tras ser utilizados. Tal vez, la mejor descripción de Pedro Sánchez en su faceta de utilizador, sin miramientos, de sus colaboradores se la debemos a Andoni Ortuzar, presidente del Euskadi Burubatzar del PNV, cuando en mayo de 2023 hizo la siguiente declaración: «Creo que todos los que hemos estado alrededor de Sánchez tenemos la sensación de que somos clínex para él. Nos usa, nos tira, luego vuelve a coger otro clínex (…). Creo que él nos ha utilizado a todos, sin excepción, incluido su propio partido»[34]

El PNV fue la clavija decisiva y determinante que posibilitó el éxito de la moción de censura de Pedro Sánchez contra Rajoy. Fueron los indispensables votos del PNV los que hicieron posible el nombramiento de Sánchez como presidente del Gobierno. La de Andoni Ortuza es una voz autorizada, por cuanto que el PNV ha sido el perejil de todas las salsas cuando su concurso ha sido preciso para afianzar

---

34   El PNV tiene la sensación de ser «un clínex» para Sánchez: «Nos usa y nos tira» (2023, 30 de mayo). *ABC*. https://www.abc.es/espana/pais-vasco/pnv-sensacion-kleenex-sanchez-usa-tira-20230530211346-nt.html

una mayoría gubernamental en Madrid. El PNV ha llegado a acuerdos con la mayoría de los presidentes que han gobernado España. Es, por lo tanto, quien mejor puede hablar de pactos y contraprestaciones para afirmar sobre calidad del buen o mal pagador de turno.

El PNV está dolido por cuanto que Sánchez no cumplió sus promesas, y encima aupó a la «dirección del Estado» a EH Bildu, heredero nacionalista del legado de ETA, blanqueando de ese modo la reputación de la formación soberanista dirigida por Otegi. Sea como fuere, Ortuzar hace justicia a la fama de mal pagador que persigue a Sánchez.

Utilizados o no como meros clínex, es larga la lista de quienes rindieron excelentes servicios a Sánchez y, sin embargo, fueron apartados sin contemplaciones. Tan solo recordaremos a dos de sus fieles servidores que rindieron excelentes servicios antes de ser «tirados» según la gráfica expresión de Ortuzar. El primero de ellos es Iván Redondo, el asesor y jefe de gabinete de Pedro Sánchez, a quien acompañó en su periplo hasta alcanzar el poder. El donostiarra fue quien alumbró el camino que llevó a Sánchez al poder y fue el autor de sus más exitosos relatos. Iván Redondo fue el artífice intelectual del llamado bloque progresista y eficaz redactor del personaje ejecutado por Sánchez, así como el principal relator de la propaganda gubernamental. Un buen día, cuando todos le auguraban éxitos y una brillante carrera como ministro, Iván Redondo fue cesado de todos sus cargos, aprovechando un ajuste ministerial que, precisamente, impactó de lleno en otro de los más fieles servidores de Sánchez. Nos referimos, como no, al exministro José Luis Ábalos.

Ábalos lo fue todo en el ascenso al poder de Pedro Sánchez. Ábalos fue el principal apoyo de Sánchez cuando este fue descabalgado de la secretaría general del PSOE, a la que pudo regresar, poco después, gracias al apoyo incondicional del político valenciano. Tras ser reelegido Sánchez como secretario general del PSOE, Ábalos ocupó el puesto clave de secretario de organización, desde el que prestó sus servicios articulando un PSOE al gusto y medida del jefe Sánchez. Un partido, como seguidamente veremos, vertical y al servicio exclusivo del nuevo líder. Sánchez nombró ministro a Ábalos en pago a sus muchos y fieles servicios.

José Luis Ábalos destacó como ministro bronco y apagafuegos al servicio de Sánchez, a quien evitó algún que otro escándalo ejerciendo de chivo expiatorio. Unos de los asuntos feos que le tocó lidiar fue el aterrizaje imprevisto y alegal de la vicepresidenta y brazo de derecho del dictador venezolano Nicolas Maduro, Delcy Rodríguez, que desembarcó inopinadamente en el aeropuerto de Barajas. Es este un suceso jamás aclarado donde se cuentan innumerables maletas llenas de divisas, que a punto estuvieron de provocar un grave incidente diplomático, ya que Delcy Rodríguez era una persona *non grata* en suelo europeo. En aquel rocambolesco suceso fue Ábalos quien dio la cara, y a punto estuvo de que se la partieran. Por lo visto, Delcy Rodríguez vino a Madrid invitada por el expresidente y amigo del régimen venezolano, José Luis Rodríguez Zapatero. Sea como fuere, Pedro Sánchez consideró quemado a su ministro de Transportes, José Luis Ábalos, que fue cesado sin explicaciones.

Redondo y Ábalos son dos ejemplos del uso utilitario que Pedro Sánchez hace de sus servidores, convertidos de colaboradores en meros instrumentos al servicio de su hiperbólica ambición. Los usa y, como diría Ortuzar, los tira. Pero el instrumento más importante de Pedro Sánchez no es otro que el PSOE convertido en aparato útil al servicio exclusivo de su secretario general.

El Partido Socialista Obrero Español (PSOE) es un partido centenario que ha mutado de manera brusca y global, convirtiéndose en un partido de nuevo cuño, que poco tiene que ver con el PSOE de la Transición política en el que jugó un papel históricamente relevante. Algunos analistas políticos y viejos militantes socialistas se admiran de los cambios operados en el viejo PSOE. Algunos se lamentan de dichos cambios, que afectan a su ideología troncal y a su funcionamiento orgánico. Dichos lamentos y nostalgias resultan ser tan ingenuos como inútiles, y es que el viejo partido de Felipe González y Alfonso Guerra ya no es el que fue. Aquel partido ha mutado y se ha convertido en el juguete útil de Pedro Sánchez, como él mismo reconocía en las memorias ya mencionadas. Al trepar Sánchez a la cúpula del PSOE, algunos pensaron que nada había cambiado en el partido:

> Yo, en cambio, era plenamente consciente de que nada iba a ser igual que el día anterior. Las primarias de 2017 habían cambiado el Partido Socialista para siempre. Para mí significaba repetir con más experiencia en el cargo, pero para el partido representaba algo completamente

distinto; por eso todo el mundo empezó a hablar del «nuevo PSOE». No era solo un cambio en la secretaría general del partido socialista. Había tenido lugar un cambio de época, y eso se iba a trasladar a las formas y a los trabajos desde el primer día. Mi experiencia nos iba ayudar a acelerar los ritmos[35].

Dicen que el que avisa no es traidor y, desde luego, Sánchez lo avisó con rotundidad y antelación. El «viejo PSOE» había dejado de existir desde el instante del acceso de Pedro Sánchez a la secretaría general del «nuevo PSOE».

Y, efectivamente, el PSOE que conocemos desde el año 2017 y, sobre todo, desde el acceso a la presidencia del Gobierno de su secretario general, nada tiene que ver con el viejo partido socialdemócrata, tras convertirse en una organización populista de signo identitario, que en su funcionamiento y estructura recuerda a los viejos partidos leninistas, articulados en torno a la idea de la conquista del poder. Un poder que ejerce y disfruta la persona de su secretario general. Un poder sin cortapisas ni contrapoderes al servicio del autócrata erigido en benefactor de los suyos. De su particular «pueblo», en definitiva.

Pedro Sánchez tiene el control absoluto del partido y ejerce un poder ilimitado en el mismo. ¿Cómo es esto posible? La respuesta, que suscribo, la podemos leer en un artículo de Javier Tajadura:

> La respuesta la encontramos en la organización plebiscitaria del partido que, siguiendo una preocupante moda, amenaza con convertir a las fuerzas políticas democráticas en instrumentos al servicio de los caudillos de turno. Las denominadas elecciones primarias, en virtud de las cuales son los militantes los que «directamente» eligen al máximo dirigente del partido (secretario general), así como al candidato a la presidencia del Gobierno, debilitan la posición de los órganos representativos (comité federal en el caso del PSOE) y fortalecen la posición de los así elegidos. Estos apelan a su legitimidad democrática directa para imponer una dirección cesarista y autoritaria que prescinde por completo de los órganos deliberativos y representativos (…). El diputado Óscar Puente, en su réplica al discurso de investidura de Alberto Núñez Feijóo, no pudo ser más claro al respecto. Al

---

35   *Manual de resistencia.* P. Sánchez. Ediciones Península (2017), p. 104.

afirmar que «este PSOE es de sus militantes y, por consiguiente, del pueblo», estaba identificando al partido con una voluntad única: la de Pedro Sánchez[36].

El PSOE, en efecto, es un artefacto que se identifica con Pedro Sánchez y que este utiliza para sus fines personales. Es la plasmación del populismo, consagrada por la identidad entre el líder y el pueblo, tal como Carl Schmitt teorizó.

El sexto criterio del test DSM-5 indica que el narciso en cuestión «explota al otro en las relaciones interpersonales y utiliza a los demás para sus fines». Pienso que Andoni Ortuzar, con su certera metáfora del clínex y la forma de actuar de Sánchez, acierta de lleno al asignarle este sexto criterio como una de las notas características de su descollante personalidad.

## 7. Falta de empatía. No está dispuesto a reconocer ni a compartir los sentimientos y necesidades de los demás

En el libro *Manual de resistencia*, que contiene las primeras memorias del presidente Sánchez Castejón, se habla por extenso de la crisis del barco Aquarius y la emigración. En él se presume de la rápida, generosa y empática actitud del recién nombrado presidente del Gobierno, que narra en primera persona el espectacular modo de iniciarse como presidente:

> El caso del Aquarius ha cambiado la política europea. Durante el verano tuvimos dos nuevos Aquarius y una misma respuesta por parte del Gobierno italiano, lo que exigió a distintos países, entre los que estaba España, acoger un mecanismo solidario de acogida de emigrantes. Así lo hicimos (…). Aquellos días se produjeron intensos contactos míos con el presidente francés y otros líderes europeos y también entre los respectivos ministros de Asuntos Exteriores (…). Se trataba de un desafío que exige una respuesta duradera y global

---

36  El partido del pueblo (2023, 11 de diciembre). J. Tajadura Tejada. *El Correo*. https:// www.elcorreo.com/opinion/tribunas/javier-tajadura-tejada-partido-pueblo-20231011235153-nt.html?ref=https%3A%2F%2Fwww.elcorreo.com%2Fopinion %2Ftribunas%2Fjavier-tajadura-tejada-partido-pueblo-20231011235153-nt.html

que cubra, a la vez, asilo, protección de las fronteras, readmisión, cooperación con terceros países y migración legal tal como marcan los valores europeos.

Somos un país que cuando quiere, hace muchas cosas, y yo tengo la ambición de que España lidere en la UE e internacionalmente las causas que defiende la sociedad española (…). La decisión del Aquarius me hizo sentir reconfortado con la política por la capacidad de cambio que nos ofrece a quienes tenemos responsabilidades de gobierno[37].

Hasta aquí la profesión de fe del presidente, que inauguró su presidencia con los mayores sentimientos de empatía. Y en efecto, en torno a la llegada del Aquarius al puerto de Valencia, se desplegó una espectacular operación de propaganda a la mayor gloria de nuestro empático presidente, que movilizó hasta barcos de guerra que daban escolta al zozobrante navío desde las costas italianas a las españolas. La operación que llevaba el sello propagandístico de Iván Redondo fue todo un éxito que invistió de buena y empática conciencia a los ciudadanos de España, que por fin se sintieron conducidos por la senda de los valores de Europa. Pero fue una vez, y no hubo más. Y es que como bien dice el viejo refrán «dime de qué presumes y te diré de qué careces», las políticas empáticas de Pedro Sánchez siempre estuvieron cocinadas con arreglo a los cánones del mejor manual del espectáculo y la propaganda. La realidad demostró que la exhibición de empatía de nuestro presidente carecía de fundamento, según demostraron diversas actuaciones gubernamentales en el tema de la emigración.

El 24 de junio de 2022, alrededor 2000 personas, en su mayoría de origen sudanés, trataron de cruzar la frontera entre España y Marruecos por el puesto fronterizo del Barrio Chino. Tras la intervención de las fuerzas policiales a ambos lados de la frontera, 37 personas fallecieron y el número de desaparecidos sería de al menos 76. La policía española devolvió, al menos, a 470 personas de forma sumaria y sin garantías a Marruecos, como acredita la investigación del Defensor del Pueblo. Durante horas, cientos de personas heridas permanecieron en el puesto fronterizo sin recibir ningún tipo

---

37 *Manual de resistencia*. P. Sánchez. Ediciones Península (2019), p. 22.

de asistencia sanitaria y, a pesar de que al menos una ambulancia de Cruz Roja estaba en la zona, no se requirió que interviniese. En el lado marroquí, las ambulancias no llegaron hasta dos horas después de todo lo sucedido. Algunas de las personas heridas permanecieron allí hasta 10 horas sin recibir ningún tipo de atención médica o sanitaria.

Posteriormente, alrededor de 500 personas fueron trasladadas en autobuses a zonas remotas de Marruecos, donde las despojaron de sus posesiones y las abandonaron al borde de la carretera sin atención médica. Algunas de ellas habrían sido trasladadas por la fuerza a más de 1000 kilómetros de la frontera.

«El desastre de Melilla», tal como los medios calificaron los sucesos, nada tiene que ver con la mediática y empática operación del Aquarius. La opaca política del Gobierno de Sánchez en la cuestión migratoria se ha saldado con irregulares resultados que ponen en evidencia la diferencia entre el relato oficial y la deprimente realidad de los hechos.

El Gobierno de Pedro Sánchez se ha ido distanciando de las empáticas políticas migratorias hasta tratar de escurrir el bulto. La distancia que media entre la península y las islas Canarias ayuda a que las políticas en cuestión se gestionen entre la improvisación y el cinismo. En las fechas en las que escribo el presente ensayo, en la isla canaria de El Hierro, la más pequeña de las islas, se vive una situación límite donde la autoridad local se siente desasistida por el Gobierno central de Pedro Sánchez. Según informa la Agencia EFE, el día 11 de octubre de 2023:

> Las relaciones entre el Gobierno central y el de Canarias se tensan por momentos con la inmigración como punto de desencuentro. El presidente canario, Fernando Clavijo, ha mostrado este martes su perfil más agresivo desde la tribuna de oradores del Parlamento autónomo, donde se ha celebrado la sesión de control a su Ejecutivo. En respuesta a una pregunta de su propio grupo parlamentario, el líder nacionalista ha cargado contra la «desidia y el abandono» del Gobierno central para afrontar el repunte migratorio en las islas, y ha exigido más «lealtad institucional». En su alocución, ha indicado que la migración no se puede atender desde la «demagogia», sino dando una respuesta «digna» a un fenómeno que somete a Canarias, especialmente a la isla de El Hierro, a una «presión insostenible» (…).

Poco antes, Clavijo calificaba de «estupideces» las declaraciones en la tarde del lunes del ministro de Interior, Fernando Grande-Marlaska, quien aprovechó su visita a la isla de El Hierro para defender que en las islas hay recursos suficientes para gestionar la llegada de migrantes irregulares.

Del dicho al hecho hay un gran trecho y, al parecer, los medios humanos y materiales asignados al grave y creciente problema de la emigración masiva que acude a nuestras costas es a todas luces insuficiente y pone en cuestión la tan mediática empatía del Gobierno que preside Sánchez. De tal palo tan astilla y es que, por ejemplo, Pedro Sánchez parece empatizar más y mejor con quienes asesinaron a un nutrido número de socialistas, que con sus víctimas.

Esto que parece una hipérbole tiene su fundamento en el hecho de que Pedro Sánchez no ha dudado en aupar a la organización heredera de ETA a la «dirección del Estado» que preside. En efecto, Sánchez resultó vencedor de la moción de censura gracias a los votos de EH Bildu, y es gracias a esta organización independentista, que aún no ha condenado el pasado criminal de quien es heredera política, como Pedro Sánchez Castejón ha gobernado durante la última legislatura. Sánchez, tan empático él, ha llegado a dar el pésame a EH Bildu en el Senado, cuando un miembro de ETA se suicidó en la cárcel donde cumplía condena. Mientras quienes avalaron, y siguen avalando la muerte de sus compañeros socialistas asesinados por ETA, se ufanan de ser los soportes más seguros de los Gobiernos de Sánchez. El secretario general del PSOE se complace en su compañía y los ha avalado como fervientes demócratas, hacedores de la paz y abanderados del progresismo. ¿Dónde queda la empatía de nuestro presidente? Con razón cabe incluirlo entre quienes incluye y atañe el séptimo criterio del test elaborado por el *Diagnostic and Statistical Manual of Mental Disorders* (DSM-5).

## 8. Envidia a los demás y cree que los demás le envidian

Miguel de Unamuno afirmaba que la envidia era el rasgo de carácter más genuino de los españoles, «íntima gangrena española» y Jorge Luis Borges coincidía en ello: «Los españoles siempre están pensando en la envidia. Para decir que algo es bueno, dicen: es envidiable». Cervantes, en sus consejos a Sancho, la llama «raíz de infinitos males y carcoma de las virtudes». Para Francisco de Quevedo, es un pecado especialmente inútil y que no da satisfacción alguna: «Muerde y no come».

Dicen que la envidia es unos de los siete pecados capitales, y hay quien asegura que la envidia es la madre de todos los pecados. El resentimiento es uno de los derivados de la envidia.

Pero la envidia, también, puede tener una acepción positiva en tanto en cuanto puede estimular la emulación y puede contribuir la mejora de uno mismo. La envidia puede servir de estímulo en el deporte o en el emprendimiento, pero en el caso de la política casi siempre acarrea negatividad y frustración.

Del *Manual de resistencia* de Pedro Sánchez cabe entresacar una lista de todos a quienes envidia en un momento u otro de su devenir político. Menciona de manera especial a Barack Obama y Bill Clinton, en quienes admira su capacidad de adaptación y la coherencia de sus postulados. Es curioso y elocuente el hecho de que Sánchez admire a líderes del sistema presidencial americano, que no están sometidos a ninguna instancia superior. En dicha admiración subyace la envidia por un poder pleno y decisorio que los sitúa en la cima de todos los poderes. En las alusiones a logros personales que él considera del ámbito mundial, como es el caso de las políticas feministas, palpita la ambición de un poder soberano que considera legítimo y a la medida de sus capacidades. En este sentido, de sus comportamientos con la persona de Felipe VI cabe inferir una actitud de envidia al sentirse en posición inferior, tanto en los protocolos como en la jerarquía constitucional.

El saberse en una posición subordinada, y la humillación que ello comporta para la personalidad envidiosa, quedaron claramente reflejados en aquella atípica carrera de Pedro Sánchez, mendigando la atención del todopoderoso presidente de EE. UU. cuando ambos coincidieron en un pleno de la OTAN. El día 14 de junio de 2021, *Diario.es* daba cuenta del brevísimo encuentro entre Sánchez y Joe Biden en los siguientes términos:

> Apenas unos segundos y unos pasos en un pasillo. Los que se recorren desde el lugar de la foto de familia hasta la sala en la que tenían

lugar las reuniones de los 30 jefes de Estado y de Gobierno de los 30 países de la Alianza Atlántica. Así ha sido el breve encuentro entre el presidente del Gobierno español, Pedro Sánchez, y el presidente de EE. UU., Joe Biden, durante la cumbre de la OTAN[38].

El breve encuentro, que apenas alcanzó a ser un saludo forzado, fue magnificado por la Moncloa, que le otorgó un rango de reunión bilateral. El texto que sigue viene recogido en la crónica arriba mencionada.

«El presidente del Gobierno y el presidente de EE. UU. han mantenido una breve conversación tras la foto de familia», explican fuentes de Moncloa: «Tal y como se había señalado previamente, ambos querían saludarse, conocerse personalmente y establecer un primer contacto. Así lo habían pactado sus respectivos equipos. Entre otras cosas, se había acordado que su saludo fuera captado por las cámaras como prueba de la excelente relación que existe entre ambos países». (Ibid)

Pero según el presidente Sánchez, el breve saludo alcanzó para mucho más:

«Hemos tenido una breve conversación y un breve paseo para pasar a la sala de reuniones. Hemos hablado de reforzar los lazos que tenemos EE. UU. y España, y nuestra posición de actualizar el acuerdo bilateral de defensa. También hemos conversado sobre la situación en Latinoamérica, de donde acabo de llegar, y le he trasladado mi preocupación por la situación de esa región por la pandemia. También le he felicitado por su agenda progresista, sobre todo en relación con el acuerdo climático». (Ibid)

Es obvio que Sánchez envidiaba a Joe Biden en aquella ocasión, y por un momento se sintió ninguneado. Ello le provocó un resentimiento difícil de encajar en una personalidad narcisista. Es por lo que la Moncloa y el mismo Sánchez intentan magnificar su esbozo de encuentro, para tratar de paliar el sentimiento de envidia y

---

38    El encuentro entre Sánchez y Biden en la OTAN se queda en un saludo de un minuto. (2021, 14 de junio). *elDiario.es*. https://www.eldiario.es/internacional/encuentro-sanchez-biden-otan-queda-saludo-minuto_1_8036418.html

admiración ante el que sabe superior en todos los ámbitos del poder. La envidia y el resentimiento son dos emociones que caminan juntas y, tal vez por ello, el envidioso necesita pensar que el envidiado es él. El envidioso piensa que las críticas y eventuales abucheos, así como los reproches, obedecen a la envidia que sus oponentes le profesan En este sentido, cabe destacar el miedo y pavor que a Sánchez le embargan cuando en. algunos actos públicos es ruidosamente abucheado y silbado. Son cosas de la envidia.

## 9. Actitudes y comportamientos arrogantes y altaneros

El noveno y último de los criterios señalados en el DSM-5, como conducta típica del trastorno de personalidad narcisista, se refiere a las actitudes y comportamientos arrogantes y altaneros que denotan el mencionado trastorno.

Su lenguaje corporal, su manera de caminar, los modos de conducirse en público y las formas de dirigirse a sus adversarios políticos, indican una personalidad que se cree superior y considera una pérdida de tiempo debatir con sus oponentes. Estas formas, modos y maneras las exhibió Pedro Sánchez en el famoso primer debate en el que confrontó, en el Senado, con el líder de la oposición Alberto Núñez Feijóo.

Para situar el contexto de aquel debate, conviene recordar que el reglamento del Senado concede al presidente del Gobierno el privilegio de intervenir sin tiempo pautado, mientras que el jefe de la oposición ha de ceñirse a un tiempo perfectamente tasado.

El desigual debate tuvo lugar en el Senado el día 6 de septiembre de 2022, y cederemos al cronista de *El País* la narración de lo ocurrido.

> El socialista estaba deseando golpear a un contrincante que no ha cesado de comerle terreno en las encuestas, así que no dejó pasar la ocasión y allá se lanzó con todo el martes: con la derecha y con la izquierda, con guante y sin guante, al estómago y a la mandíbula. Sánchez no se cansaba de golpear, volvía una y otra vez, gustándose, enardecido por los suyos, encadenando ironías mientras leía algunos deslices argumentales de Feijóo en los meses que lleva al frente del partido. Así, durante 47 minutos que, en un Senado lleno hasta la

bandera, ofrecieron uno de los más extraños espectáculos parlamentarios de los últimos meses. El líder de la oposición quería examinar al Gobierno y el que acabó examinado, analizado, destripado y diseccionado fue él en un debate cuyo formato lo dejó casi inerme frente a un Sánchez desatado (…). Entonces llegó el momento esperado por Sánchez. No había necesitado tomar notas porque su diatriba la tenía preparada. Tanta guerra le pedía el cuerpo que empezó casi reprochando a su rival que esta vez no hubiese recurrido a ETA para descalificar al Gobierno. En los papeles llevaba una abundante ristra de citas de Feijóo y de algunos datos sobre su actuación en Galicia. Y con todo eso construyó su látigo para restallarlo durante 47 minutos que Feijóo soportó en el escaño con su gesto más gélido, mientras Sánchez repetía su letanía para comentar las pifias atribuidas al hombre con fama de gran gestor: «O insolvencia o mala fe». «Está usted justito», llegó a decirle juntando los dedos pulgar e índice. Y aún más: «Es capaz de mentir sin que se le mueva un pelo». (https://elpais.com/espana/2022-09-06/sanchez-contra-feijoo-una-lluvia-de-golpes-de-47-minutos.html#?rel=mas)

«Insolvencia o mala fe», repetía Sánchez a modo de una jaculatoria, y «está usted justito», se burlaba de Feijóo. Cuando Sánchez hablaba, Feijóo le miraba impasible tomando notas de las palabras del presidente, pero durante las cortas intervenciones del jefe de la oposición, Sánchez le hacía el vacío hablando, entre risas, con la vicepresidenta Calviño. Su actitud de desprecio la manifestaba Sánchez con risas y gestos ostensibles de desdén y desprecio. Era la perfecta imagen del arrogante y altanero que desprecia a su adversario.

La altanería y el desprecio con el que Sánchez se dirigía al adversario era jaleado por sus fieles, lo que acrecentaba la autosuficiencia del narciso. Aquel día de septiembre, toda España pudo observar la altanería, la arrogancia, la prepotencia y el supremacismo del presidente Sánchez, que no dudó en utilizar los privilegios de su cargo para ningunear y despreciar al jefe de la oposición. Meses más tarde en el único debate celebrado con ocasión de las elecciones, Feijóo y Sánchez volvieron a enfrentarse en igualdad de condiciones y, en aquella ocasión, falto de los coros que le jalearan y desnudo de argumentos ante su contrincante, el presidente perdió los papeles y se dedicó a interrumpir y no dejar hablar a Feijóo; entre balbuceos y gestos desabridos, Sánchez resultó dialécticamente derrotado.

El noveno de los criterios fijados en el test de DSM-5 para detectar el desarreglo de la personalidad narcisista, trata de identificar la altanería y la arrogancia en el presunto narciso. Es una lástima que el idioma inglés no contenga un castizo vocablo que sí existe en el castellano, la palabra no es otra que «chulería», que encaja perfectamente en los criterios para detectar el trastorno de personalidad narcisista.

# — V —

# *Sanchismo y socialpopulismo*

## LAS HERIDAS NARCISISTAS

El hombre es un ser vulnerable. Todos lo somos. También lo es la humanidad. Nos creemos perfectos e invulnerables, pero todos somos portadores de heridas. Algunas han cicatrizado, pero hay heridas de las que jamás sanaremos. No se trata de ponernos solemnes, pero cabe hablar de una herida ontológica que nos es inherente, como la vida misma. Las religiones se han ocupado de la herida original que tratan de paliar con ritos, credos y promesas, pero no han logrado curar el profundo desgarro que nos mantiene vivos y anhelantes. Rotos. Siempre habrá una brecha por la que el dolor de ser imperfectos penetre. De alguna forma había que llamarlo y en nuestra cultura se concibió la figura del pecado original. El bautizo que un día recibimos era la evidencia de que nacemos heridos. El hecho de nacer es ya un desgarro que nos separa del seno materno. Los desgarros siempre provocan una herida. Herida narcisista, lo llamo Freud.

Fue el año 1917 cuando en el breve ensayo titulado *Una dificultad del psicoanálisis*, Freud se refiere a tres afrentas al amor propio de la humanidad, infligidas por la investigación científica. Estas heridas son: la afrenta cosmológica de Copérnico, la afrenta biológica de Darwin y la afrenta psicológica del propio Freud. Según él, estas heridas han erosionado el narcisismo humano, es decir, la tendencia a considerarse el centro y el amo del universo. Freud considera que su teoria del inconsciente es la más difícil de aceptar, ya que revela que el ser humano no es dueño de su propia mente, sino que está sometido a las pulsiones de su deseo. El hombre esclavo de sus deseos y heridas, he ahí una definición plausible del ser humano.

El deseo, llámese libido o de otra forma, se asemeja y mucho a lo que Spinoza llamó *connatus* que, viéndolo en perspectiva, también posee un aspecto positivo por cuanto que el deseo, la pasión y la voluntad de perdurar, nos abre a la posibilidad de sanar tanto personal como colectivamente. Y es que la herida no es incurable, cabe la sanación personal y sobre todo la curación colectiva, esa utopía que mantiene vigente la redención civil del ser humano. La política debería ser el instrumento idóneo para curar o, al menos, paliar la virulencia de nuestra herida narcisista.

Christopher Lasch calificó de narcisista a nuestra cultura, y con ello ponía nombre y verbalizaba la herida por la que sangramos en el prolegómeno de este turbulento y menesteroso siglo, en el que el narcisismo se ha enseñoreado de todas las instancias sociales, económicas y políticas. El narcisismo nos remite a la herida que somos y mal podemos curarnos, mientras sean los narcisos quienes prometen cauterizar nuestras heridas. Es curioso y aterrador, a la vez, el hecho de que en las cúspides de las naciones sean los narcisos quienes ostentan el poder. Las cosas solo pueden ir a peor, mientras seamos gobernados por hombre y mujeres que solo tienen la perversa obsesión de quererse a sí mismos. De admirarse en su espejo distorsionado. Un espejo incapaz de reflejar la realidad que vivimos y padecemos.

Freud concede una importancia excepcional a las experiencias que vivimos en la niñez, que sin duda son importantes, pero el ser humano está abierto a las múltiples influencias que a lo largo de toda su vida recibe. No solo en la niñez se fragua nuestra personalidad, sino que a lo largo de la adolescencia e incluso en la edad adulta, la circunstancia que también somos, según Ortega, nos va aportando materiales e influjos que determinan nuestra personalidad. La herida narcisista, por lo tanto, no es una falla o accidente que acontece en nuestra infancia, sino que dicha herida supura y duele durante toda nuestra vida.

La influencia de nuestro entorno infantil es decisiva, pero no es menos determinante el cúmulo de circunstancias posteriores que van configurando nuestra personalidad. Existen lo que podríamos denominar las «marcas de nacimiento», que son comunes a la generalidad del colectivo humano, pero hay otras que son específicas de cada individuo. El complejo de Edipo o el narcisismo, en principio, parecen ser «marcas» comunes a todos los humanos, pero el lugar de nacimiento, la familia, la cultura del entorno, la religión, el hábitat rural o urbano, la apariencia física, el tipo de educación escolar, el PIB de la sociedad en la que nacemos, el porcentaje del paro o el idioma materno, entre otras circunstancias individuales, constituyen «marcas» biográficas que determinan nuestra personalidad y equilibrio psicológico, tanto o más que las circunstancias y relaciones parentales de nuestra niñez.

Las frustraciones afectivas, sexuales, educativas o laborales pueden agrandar e incluso cambiar la razón de ser de la inicial herida narcisista. Un amor no correspondido o un fracaso escolar en la adolescencia pueden influir en la configuración de la herida narcisista. Carecer de empleo o ser despedido pueden alterar la tipología de la herida narcisista. Pertenecer a determinada clase social, habitar una aldea en medio de la nada o un fracaso matrimonial no son solo circunstancias casuales, sino que son motivos causales del tamaño y la envergadura de la herida narcisista.

## LA HERIDA NARCISISTA DE PEDRO SÁNCHEZ

Hay quien, al analizar el devenir de la trayectoria de Pedro Sánchez, ha especulado con hipotéticas heridas recibidas en su vida personal que estarían en el origen de su personalidad narcisista. Por citar tan solo a un analista que me merece el mayor de los respetos, traeré a colación las palabras escritas por Félix Azúa con ocasión del pacto PSOE y Junts, que hizo posible la investidura de Sánchez: «¿Qué humillaciones no habrá sufrido Sánchez para tener tan frenética sed de venganza personal?»[39]

La mención de eventuales o hipotéticas humillaciones sufridas por el presidente del Gobierno nos remite a la herida narcisista que Félix Azua pretende situar en el origen de la sed de venganza que atribuye al personaje. La suposición de estas hipotéticas humillaciones es una cuestión que escapa a nuestra observación, ya que carecemos de instrumento alguno que nos pueda esclarecer el tipo de humillaciones a

---

39   Irse preparando. (2023, 11 de noviembre). F. Azúa. *The objetive*. https://theobjective.com/elsubjetivo/opinion/2023-11-11/irse-preparando-sanchez/

los que Azúa se refiere y que pertenecen al ámbito privado del presidente, pero tenemos, sin embargo, algunas humillaciones que sí nos ha sido posible observar y constatar en las actuaciones públicas de Pedro Sánchez. Me refiero, por supuesto, al rosario de humillaciones y derrotas que Sánchez padeció durante el primer ejercicio como secretario general del PSOE, que concluyó con su forzada dimisión.

Las hemerotecas rebosan con las crónicas que se escribieron durante el *impasse* político en el que Rajoy no pudo formar Gobierno ante la férrea oposición de Pedro Sánchez y su famoso lema «no es no». Es conocida la división que se produjo en el seno del PSOE en aquellas fechas y que concluyó con la dimisión de Sánchez. Una dimisión que le causó una profunda herida de la que, tal vez, no se ha curado todavía. Una herida que se retroalimenta cada vez que su legitimidad es puesta en entredicho.

De entre las crónicas escritas sobre aquella dramática jornada, destaca el que se relata en el libro *El PSOE en el laberinto*, de Ainara Guezuraga. Ainara Guezuraga es una destacada periodista especializada en el seguimiento del PSOE, al haber cubierto los mandatos de Rodríguez Zapatero, Alfredo Rubalcaba y Pedro Sánchez. Su libro lleva el elocuente subtítulo *Una historia de traición y ambición*, que hace justicia al contenido del libro. El libro de Ainara Guezuraga es, además, una fiel crónica y un certero análisis político de los vaivenes del PSOE, un espectacular retablo de las pasiones y miserias que contextualizan las políticas del socialismo español. El tema central del libro que comentamos es el triunfo y la caída de Pedro Sánchez en su carrera hacia el poder.

Guezuraga señala la enorme ambición de Pedro Sánchez. Sánchez cree tener un destino privilegiado que le ha de llevar a las más altas cotas de poder, no solo en su partido sino al frente del Gobierno de España. Aún antes de ser nominado candidato a la presidencia del Gobierno, sueña con las reformas que llevará a cabo en la Moncloa y hace partícipe de sus planes a su esposa e hijas. Guezuraga reseña la opinión de un diputado amigo de Sánchez que retrataba a la perfección el carácter ambicioso del futuro presidente:

> Un diputado que conoce a Pedro Sánchez desde hace muchos años asegura que el líder del PSOE vive con «la fe, la creencia de que es un elegido del destino para ser presidente del Gobierno». La misma persona opina que Sánchez tiene esa convicción desde una posición más

«infantil e inmadura» que otra cosa. El razonamiento es que, si ha sido elegido para ser secretario general del PSOE, ¿por qué no lo va a ser para presidir España?[40]

La premonición que recoge Ainara Guezuraga, la vimos ya confirmada por el propio Sánchez en su autobiografía, pero nos interesa de modo especial la expresión que la autora del libro pone en boca del diputado del que recoge el testimonio al referirse a la ambición de Sánchez como «infantil e inmadura». Soñar es una buena cosa, e incluso la ambición lo es cuando nos ayuda a enfrentarnos a la vida, pero el exceso de ambición, lo hemos anotado ya al hablar del test DSM-5, es uno de los criterios que revelan una personalidad narcisista. Pero no es este el único criterio que evidencia el libro de Guezuraga sobre la personalidad narcisista de Sánchez, sino que son varios los testimonios que apuntan en la misma dirección y se ven recogidos en el citado libro: «Lo que es un hecho es que Pedro Sánchez tiene una capacidad innata para coleccionar enemigos: "Es una máquina de hacer enemigos"»[41].

> Una de las dirigentes que más cerca ha vivido los últimos meses de Pedro Sánchez al frente del PSOE, cree que su jefe de gabinete no siempre podía ser sincero por el grado de irritación permanente en el que vivía Sánchez[42]
>
> Cuando está nervioso: aprieta tan fuerte la mandíbula que ha desarrollado una hipertrofia del músculo meseter, tanto que cuando algo le incomoda se le marca en la cara[43]
>
> Sale a relucir el verdadero carácter de Sánchez, la de una persona irascible que no se contiene cuando las cosas no salen como tiene previsto. Hay un Pedro Sánchez furibundo escondido tras la máscara de su sonrisa[44].
>
> Los que conocen a Pedro Sánchez saben que su carácter posee la conjunción perfecta de cualidades para asestar este tipo de golpes: es poco emocional y algo temerario[45].

---

40   *El PSOE en el laberinto.* A. Guezuraga. Ediciones Martínez Roca (2017), p. 112
41   *El PSOE en el laberinto.* A. Guezuraga. Ediciones Martínez Roca (2017). p. 17.
42   *Ibid.,* p. 39.
43   *Ibid.,* p. 61.
44   *Ibid.,* p. 63.
45   *Ibid.,* p. 81.

Un destacado parlamentario califica esta etapa (persecución al líder madrileño Tomás Gómez) como la más amoral de Pedro Sánchez (...), donde demuestra que no tiene escrúpulos a la hora de hacer daño político y personal a quien se interponga en su camino[46].

En él no hay lugar para la improvisación (...). En las reuniones cara a cara dice las mismas frases estereotipadas de mitin, muchas veces vacías de contenido y aprendidas de memoria[47].

Esta dirigente describe el carácter de Pedro como muy peculiar, una mezcla de inmadurez y soberbia. Él cree que pocos están a su altura[48].

Una frialdad verdaderamente impresionante, es como una pescadilla congelada. Estamos en medio de un aquelarre emocional. El Comité Federal se desangra y a Pedro no se le mueve un músculo[49].

El libro de Ainara Guezuraga abarca el progreso de Sánchez dentro del organigrama del PSOE, hasta su dimisión de la secretaría general en el año 2016, pero describe con precisión el perfil personal de Pedro Sánchez, así como los rasgos más descollantes de su personalidad. Durante el periodo mencionado, queda en evidencia la acumulación de pasiones negativas que terminan por causar una herida narcisista, cuya envergadura determinará gran parte de sus ulteriores actuaciones desde el poder, tanto al frente de su partido, como desde la presidencia del Gobierno. De su herida narcisista inicial queda constancia en su *Manual de resistencia*, pero dicha herida adquiere su verdadera entidad y dimensión cuando se ve forzado a dimitir de la secretaría general del PSOE.

Cuando en los primeros meses de 2017 inicia su batalla para volver a ser reelegido al frente del PSOE, Sánchez es un hombre herido en lo más profundo de su personalidad narcisista. Es un hombre lleno de resentimiento y rencor que no olvida ninguna de las heridas sufridas y se vengará con ahínco de sus muchos enemigos dentro de las filas del PSOE. Entre ellos se encuentran quienes le apoyaron en su primer ascenso al poder y luego le abandonaron. Todos ellos serán

---

46   *Ibid.*, p. 85.
47   *Ibid.*, p. 147.
48   *Ibid.*, p. 168.
49   *Ibid.*, p. 220.

objeto de su inquina y venganza. Es un hombre herido que convierte su resentimiento en combustible, para acometer la tarea de reivindicar su valía y la justeza de su enfermiza ambición. Narciso se encierra en su falsa y extravagante realidad. Una realidad que acabará por afectarnos a todos.

## LA HERIDA NARCISISTA DEL RESENTIMIENTO

Llegados a este punto es preciso que abandonemos la corrección apelativa y nos arriesguemos a llamar a las cosas de otro modo y manera. Llamar, si se quiere, a las cosas por su nombre. Llamar herida narcisista a la frustración existencial o confinar en el ámbito de la Psiquiatría lo que lisa y llanamente podemos denominar como resentimiento, puede dificultarnos la comprensión de algunos fenómenos sociales vigentes, que son observables desde posiciones complementarias a la Psicología en su sentido más amplio. La complementariedad de la Sociología y de la Filosofía política, con la perspectiva psicológica, puede ayudarnos a esclarecer fenómenos sociales y políticos que no es posible esclarecer desde el exclusivo campo de la Psicología. Los nuevos fenómenos identitarios que han irrumpido en el escenario político contemporáneo requieren de una perspectiva más amplia que la psicológica. La eclosión identitaria que toma fuerza en EE. UU. durante la década de los setenta y que llega a Europa con el nuevo siglo, son fenómenos conexos al narcisismo colectivo, pero trascienden ampliamente el ámbito de la Psicología. No es casual el que dos de los autores más citados en este ensayo sean precisamente Christopher Lasch y Robert Jay Lifton. Ambos autores son auténticos innovadores, Lasch lo es en el campo de la Sociología y Lifton en el campo de la Historia.

La Psicohistoria y la Psicosociología son dos innovadoras disciplinas que han abierto el campo a una mejor comprensión de los fenómenos identitarios y de los narcisismos colectivos, hallando en la interrelación de las ciencias humanas su mejor instrumento. No sería de extrañar que en futuro próximo se abriera una ventana a la comprensión de la política desde la Psicopolítica, que contaría entre sus ancestros a Maquiavelo y Spinoza. Pero regresemos a la reflexión en torno al narcisismo y el resentimiento para poder avanzar en una mejor compresión de los fenómenos sociales identitarios que constituyen el nuevo horizonte de la posmodernidad.

Debemos a Nietzsche el hallazgo del término «resentimiento», como fecundo y eficaz instrumento epistémico para estudiar y entender diversos fenómenos sociales y políticos que han emergido en el último siglo. El resentimiento es un sentimiento tan viejo como la humanidad, pero es desde comienzos del SIGLO XX cuando cobra un nuevo significado, que lo sitúa en el centro de la reflexión moral y política. El resentimiento es para Nietzsche mucho más que un trazo psicológico o una pasión humana afincada en la emotividad primaria; el resentimiento es el fundamento de la moral y cobra carta de naturaleza en la Filosofía. El resentimiento del débil, dirigido contra el mundo y la vida, es una rebelión contra lo que es, contra la realidad, por parte de quienes son incapaces de mirarlo cara a cara y obrar en consecuencia.

Ellos, los esclavos, son los resentidos y es el resentimiento el que fundamenta su moral y sus ideales ascéticos que son proyectados al cielo por los débiles.

> La rebelión de los esclavos en la moral comienza cuando el resentimiento mismo se vuelve creador y engendra valores: el resentimiento de aquellos seres a quienes les está vedada la auténtica reacción de la acción y que se desquitan únicamente con una venganza imaginaria[50].

La *Genealogía de la moral* se inicia con la contraposición entre la moral aristocrática y la moral de los resentidos. Nietzsche nos ha dicho ya que el resentimiento de los dominados es creativo, ya que engendra valores. La creatividad moral de los esclavos supone una especie de «alienación», ya que el dominado mira al exterior de sí mismo para crear una nueva axiología.

> Mientras que toda moral del noble es un triunfante «sí» dicho a sí mismo, la moral del esclavo dice «no», ya de antemano, a un «afuera», a un «otro», a un «no-yo»; y ese «no» es lo que constituye una acción creadora. Esta inversión de la mirada que establece valores —ese

---

50    *Genealogía de la moral*. Nietzsche. Alianza (2017), p. 56.

necesario dirigirse hacia fuera en lugar de volverse hacia sí- forma parte precisamente del resentimiento; para surgir la moral de los esclavos necesita siempre primero de un mundo opuesto y externo[51].

El texto de Nietzsche que acabamos de transcribir cobra un especial significado en el escenario político español del último lustro, que precisamente se inauguró con el sintagma «no es no» en boca de Pedro Sánchez. En el imaginario de Nietzsche, dicha frase cobra sentido en boca de los esclavos que se rebelan contra la aristocracia, y tiene el potencial creativo de una nueva moral, opuesta a la aristocrática que, basándose en el resentimiento, inicia una nueva era y un tiempo nuevo. Nos hallamos ante la creatividad nihilista de un nuevo concepto de la moral y de la realidad. Ante una nueva axiología, en definitiva. La irrupción de Pedro Sánchez en la política española ha supuesto, en efecto, un nuevo modo de hacer política en la que el viejo sistema de valores (aristocrático) ha caducado frente a la nueva moral de los esclavos (progresistas). Entre los valores del nuevo escenario político predomina lo que Max Scheler llamará la mendacidad orgánica, sobre la que volveremos.

## LOS VALORES TRUCADOS DEL RESENTIMIENTO

Es la alienación del esclavo lo que le permite erigirse en creador de una nueva tabla de valores. El esclavo vive la escisión entre el pensamiento y la realidad. El esclavo, una vez consciente de su calidad de dominado, se erige en víctima y subvierte la moral del dominador para convertirse en artífice de una nueva moral. La alienación del resentido, sin embargo, le permitirá al esclavo convertirse en «más inteligente» que cualquier otra raza noble. Nietzsche describe con cierta delectación al hombre resentido y lo hace con una precisión que para sí quisiera Sigmund Freud, su coetáneo, que justamente no reparó en el carácter motor del resentimiento en la arquitectura psíquica del ser humano.

---

51   *Ibid.*

El hombre del resentimiento no es ni franco ni ingenuo, ni honesto y derecho consigo mismo. Su alma mira de reojo; su espíritu ama los escondrijos, los caminos tortuosos y las puertas falsas, todo lo encubierto lo atrae como su mundo, su seguridad, su alivio; entiende de callar, de no olvidar, de aguardar, de empequeñecerse y humillarse transitoriamente. Una raza de tales hombres del resentimiento acabará necesariamente por ser más inteligente que cualquier raza noble[52].

La sustitución de la verdad por la mendacidad orgánica no será la menor de las innovaciones éticas de la nueva axiología de los resentidos, y la suprema inteligencia que Nietzsche les vaticina no es otra que la de Maquiavelo, capaz de justificar todos los medios que conducen al poder. Se trata de la conversión de la «virtud» en *virtù*. Conversión que Pedro Sánchez se atribuyó, cuando en el proceso de lograr los votos de Puigdemont para su investidura, proclamó ante el pleno del Comité Federal el deseo de convertir necesidad en virtud. En *virtù* maquiavélica, se entiende, es decir el uso de todo tipo de medios para alcanzar el poder.

Nietzsche, con su hallazgo acerca del poder letal de resentimiento en los individuos y en los colectivos humanos, descubre una de las causas que mueven a la humanidad. La actualidad de Nietzsche en la posmodernidad procede de su formidable intuición al situar el resentimiento en el centro y en el corazón de la emotividad negativa, que lleva al ser humano a habitar un mundo tan fantasmagórico como letal y perverso. El resentimiento, cuna del narcisismo, es el motor que ha acelerado la eclosión identitaria contemporánea. El nativismo, el progresismo reaccionario, el feminismo *woke* o los nacionalismos insolidarios tienen en el resentimiento la herida narcisista que los impulsa.

Marx Scheler pulió y valoró el hallazgo de Nietzsche cuando publicó en 1912 *El resentimiento en la moral*. Max Scheler es, hoy, una figura casi desconocida en los debates filosóficos, pero sus aportaciones tuvieron una gran incidencia entre las dos guerras del siglo pasado. Es autor de una obra profusa dedicada a fundamentar una antropología filosófica centrada en los valores y en la ética. Alumno

---

52 *Genealogía de la moral*. Nietzsche. Alianza (2017), p. 58.

de Husserl, del que asumió no tanto su núcleo doctrinal como el método de la fenomenología. La misión de esta fenomenología consistió en la reconstrucción y el desarrollo de una ética que hiciera frente a las distintas formas de relativismo: psicológico, sociológico e histórico.

Scheler avanza en la definición del resentimiento concretando y analizando las distintas emociones y sentimientos que lo acompañan. Prefiere una definición descriptiva antes que una formulación categorial, pero deja muy clara la negatividad del resentimiento cuando afirma que:

> Pongamos en lugar de la definición verbal una breve caracterización o descripción de la cosa. El resentimiento es una autointoxicación psíquica, con causas y consecuencias bien definidas. Es una actitud psíquica permanente, que surge al reprimir sistemáticamente la descarga de ciertas emociones y afectos, los cuales son en sí normales y pertenecen al fondo de la naturaleza humana[53].

Nos interesa de manera especial la definición del resentimiento como «autointoxicación psíquica», ya que denota el carácter subjetivo y contingente de tan importante pasión humana.

## LA MENDACIDAD ORGÁNICA

El resentimiento crea una situación en la que el resentido percibe una radical impotencia para revertir su situación y reaccionar en defensa de su propia autoestima. Es en este estado de ánimo cuando la reversión de los valores se hace patente y la «creatividad» del resentimiento se manifiesta. El resentimiento falsea los valores y falsea la visión de la realidad para hacer más soportable su infortunio. El falseamiento de la realidad y del orden axiológico de los valores se asienta en la mendacidad constitutiva, «orgánica», del resentimiento.

> La «mendacidad orgánica» existe dondequiera que a las personas sólo se les ocurre lo que sirve a su «interés» o responde a alguna

---

53    *El resentimiento en la moral.* M. Scheler, 1933, p. 14.

actitud de la atención espontánea; y el contenido de ello es modificado, en este sentido, en el proceso mismo de la reproducción y del recuerdo. ¡Quien «es» mendaz, ya no necesita mentir![54].

Es sorprendente la actualidad y la vigencia que cobran las palabras de Max Scheler cuando describe el estado mendaz que el resentido alcanza al hacer «orgánica» la mentira interesada en la tergiversación de la tabla de valores. Las *fake news* o la manipulación de la comunicación adquieren desde la reflexión de Scheler una nueva dimensión que es preciso subrayar:

> Esto que llamamos aquí «falsificación de las tablas de valores», «interpretación al revés», «valoración al revés», no debe entenderse como una mentira consciente o como un hecho limitado a la mera esfera del juicio. Junto a la mentira y falsedad conscientes, hay también lo que puede llamarse «mendacidad orgánica». La falsificación no tiene lugar aquí en la conciencia, como sucede en la mentira ordinaria, sino en el camino que las vivencias recorren para llegar a la conciencia, o sea, en la manera de formarse las representaciones y el sentimiento de los valores. La «mendacidad orgánica» existe dondequiera que a las personas solo se les ocurre lo que sirve a su «interés» o responde a alguna actitud de la atención espontánea; y el contenido de ello es modificado, en este sentido, en el proceso mismo de la reproducción y del recuerdo. ¡Quien «es» mendaz, ya no necesita mentir![55].

Cuando la mendacidad se vuelve «orgánica», la mentira deja de percibirse como un engaño y a la mentira pasa a llamarse «cambio de opinión». Del resentimiento surge el narcisismo como autodefensa y todo vale para preservar la buena imagen que el espejo debe reflejar y es que en la realidad ficticia del narcisista no existe la mentira ni el brusco cambio de opinión porque, tal como señala Max Scheler, quien solo busca su interés es mendaz por necesidad orgánica y ya no necesita mentir. Todavía faltaba casi un siglo para que el presidente Sánchez naciera, pero ya Max Scheler identificaba una de sus principales dotes al referirse a la «mendacidad orgánica».

---

54   *El resentimiento en la moral.* M. Scheler (1933), p. 75.
55   *Ibid.*, pp. 75-76.

El principal disenso entre Nietzsche y Scheler reside en la diferente valoración de los valores y en su jerarquía. Para Nietzsche los valores son algo eminentemente relativos que dependen del lugar que el hombre ocupa en el mundo, mientras que para Scheler los valores están inscritos en la naturaleza y poseen una cualidad objetiva e inalterable. Scheler es deudor de su fe cristiana y, por lo tanto, cree en un Absoluto que ordena el mundo moral, mientras para Nietzsche, que parte de la constatación de la muerte de Dios, el hombre es la medida de su propia moralidad. Transcurrido un siglo desde que ambos reflexionaran sobre la genealogía de la moral y el resentimiento, es obvio que Nietzsche ha ganado la partida, y su concepción de la moral y de la ética es más congruente con la posmodernidad.

En lo que sí coincide Max Scheler con Nietzsche es en reconocer al resentimiento su capacidad creadora para invertir los valores y crear nuevos juicios de valor. Las personas resentidas pueden, de esta manera, paliar el tormento interior de las pasiones negativas. El resentido es capaz de invertir los valores, percibiéndolos como indeseables y odiosos. El narcisista como el resentido son inmunes a la crítica, y solo atienden a la imagen positiva de sí mismos que el espejo les remite.

## NARCISISMO Y RESENTIMIENTO GRUPAL

Marc Angenot es un investigador canadiense que se ha ocupado del resentimiento y del narcisismo grupales en el entorno de EE. UU. y Canadá. Asistió desde el primer plano al brote espectacular y masivo de los resentimientos grupales en la sociedad americana de los años 80 y 90 en EE. UU. y Canadá. Su especial conocimiento del nacionalismo de la provincia de Quebec le ayudó a perfilar la genealogía del resentimiento en el colectivo nacionalista.

La esencia del resentimiento, nos dice Angenot, reside en la transmutación de valores. Esta transmutación reviste la forma de una devaluación de los valores predominantes y la sustitución por otros donde el fracaso o el estigma social son vistos como méritos a la luz de una trascendencia moral construida *ad hoc* por los resentidos. Esta inversión de valores que el resentimiento provoca y necesita, tiene un trasfondo ético religioso, que se evidencia cuando el resentimiento provoca la distorsión del individuo con respecto a la realidad circundante, al tiempo que invoca «otro mundo» en el que las causas de su resentimiento prescriben. Es fácil deducir de esta transmutación de valores y la concepción de «otro mundo» las características de una alienación.

El resentimiento grupal fundamenta el narcisismo colectivo, que adquiere la forma de una falsa identidad. Quien sufre un fracaso tiene la posibilidad de atribuirse a sí mismo la responsabilidad, o atribuirlo a alguien ajeno, y evitarse así el reproche de su padecimiento. Quien padece un contratiempo puede además atribuirlo a un culpable determinado, atribuírselo al sistema. Un sistema que favorece a unos y desfavorece, injustamente, a otros. Al elevar la culpa al sistema, el resentimiento se legitima y se tiende a categorizar el grupo de los afectados por el sistema, con lo que el resentimiento se vuelve grupal y colectivo. En la historia de los movimientos revolucionarios y en la de los movimientos políticos de izquierda, el resentimiento grupal ha jugado un importante papel al reivindicar «otro mundo» y otra época, y ha utilizado el mecanismo de reversión axiológica para reivindicarse como los artífices correctos de la historia. La presunta superioridad moral de la izquierda tiene en el resentimiento grupal y en la secuela del narcisismo colectivo su origen y justificación.

El resentimiento y el narcisismo colectivos suelen hallar cauces de expresión política en los grupos identitarios que contribuyen a constituir, o más usualmente en los grupos de opinión y en los partidos políticos. Los partidos políticos constituyen uno de los elementos insustituibles de la democracia liberal, son los instrumentos que vehiculan las corrientes de opinión y contribuyen con sus programas a la formación e identificación del interés general.

En el fundamento de los partidos políticos, sobre todo en los partidos de índole reivindicativa, palpita la reivindicación de «otro mundo» en el que se vean legitimados y reconocidos sus postulados, así como la posibilidad de acceder al poder y cambiar el *statu quo* de quienes se sienten víctimas de una determinada coyuntura o contexto político.

# PARTITOCRACIA Y PARTIDOS

El artículo 6 de la Constitución española dice que:

> Los partidos políticos expresan el pluralismo político, concurren a la formación y manifestación de la voluntad popular y son instrumento fundamental para la participación política. Su creación y el ejercicio de su actividad son libres dentro del respeto a la Constitución y a la ley. Su estructura interna y funcionamiento deberán ser democráticos.

Se trata, sin duda, de una excelente formulación de lo que deberían ser los partidos políticos en una democracia. Desgraciadamente, ni la estructura de los partidos es democrática, ni su meta principal es la participación política; antes bien, los partidos políticos, al menos en España, tienen por único objetivo el acceso al poder y utilizan la polarización política como principal herramienta de actuación. Los partidos políticos, además, fomentan el narcicismo grupal y alientan el resentimiento colectivo para afianzar una identidad colectiva.

Sin partidos políticos es imposible articular una democracia, pero cuando los partidos renunciar a cumplir con su cometido constitucional y se rigen por normas y hábitos no democráticos prostituyendo su razón de ser, se convierten en grupos identitarios que bajo la excusa de la participación política parasitan la acción política y se constituyen en miembros de una partitocracia que arruina el juego democrático e institucional. El deterioro de los partidos políticos suele preceder al deterioro de la democracia misma y se convierten en sus principales enemigos.

F. Sosa Wagner y M. Fuertes son dos voces autorizadas del mundo tanto político como académico y su diagnóstico sobre los partidos políticos españoles no deja de ser tan categórico como terrible:

> La democracia de los partidos, en los términos en que ha desembocado la nuestra, deja de ser democracia en oligarquía de secretarios generales y secretarios de organización, los personajes que con más denuedo adulteran el sistema (…). A menudo no respetan la ley y por supuesto ni en su estructura interna ni es su funcionamiento son democráticos[56].

---

56  *Panfleto contra la trapacería política.* F. Sosa Wagner y M. Fuertes. Madrid (2021), p. 23.

Esa es la cuestión, ¿cómo puede un partido no democrático, en su organización y funcionamiento, tener legitimidad para encabezar un gobierno democrático? Del deterioro de la democracia española durante la vigencia de Pedro Sánchez al frente del PSOE y del Gobierno, se hace eco Teo Uriarte en un artículo que suena a arrebato, abundando en la dirección que Francisco Sosa Wagner y Mercedes Fuertes indicaban en su libro.

Para calibrar en su justa medida las palabras de Teo Uriarte, conviene recordar su tortuoso *curriculum* político. Sentenciado a muerte en el Consejo de Burgos por su militancia en ETA, Teo Uriarte tuvo un papel decisivo en el abandono de las armas por parte de ETA Político Militar. Uriarte fue uno de los líderes de Euskadiko Ezkerra y fue, posteriormente, elegido como concejal del ayuntamiento de Bilbao en las listas del PSOE. Es una biografía compleja, pero siempre hizo gala de su compromiso político con las ideas de la igualdad, la libertad y la fraternidad, hasta convertirse en crítico honesto y lúcido de la deriva iliberal del PSOE dirigido por Pedro Sánchez:

Cuando la práctica de los partidos fue convirtiendo a sus representantes parlamentarios en meros peones atados a la jerarquía del aparato, y no en representantes de la ciudadanía, cuando la crítica interna fue abolida de su seno, cuando la propaganda sustituyó la elaboración teórica, y las personalidades con mejor bagaje eran apartadas o se alejaban para evitar tan agobiante sometimiento, los partidos fueron convirtiéndose en un fin en sí mismo sin más objetivo que alcanzar y sostenerse en el poder. Premisa para que fueran configurándose como entidades de vocación totalitaria. Tenía que llegar que la partitocracia se cargara el Estado de derecho y sería el PSOE, por origen y tradición (el mismo que el de la revolución de Asturias), el destinado a protagonizar este golpe[57].

Son palabras duras en boca de alguien que ha vivido la política con entrega y pasión, hasta llegar a la conclusión de que la partitocracia supone la deriva iliberal de la democracia hurtada por los partidos. Ante los males de la partitocracia, Sosa Wagner y Fuertes se preguntan sobre qué hacer con los partidos políticos:

---

57 Tenía que llegar. T. Uriarte. (2023, 6 de noviembre). *Fundación para la libertad.* https://paralalibertad.org/tenia-que-llegar-2/

La democracia ha sido secuestrada por los partidos políticos. Procede liberarla de ellos. ¿Suprimiéndolos? No. Recuperando el verdadero sentido de las palabras constitucionales a ellos referidas: funcionamiento democrático, cauce efectivo de participación, instrumento para el pluralismo (…), se trata de que sus dirigentes acepten estos postulados y se despojen de su condición de caciques instalados a su vez en una red clientelar, sin más controles que los creados en el seno de los propios aparatos (…). Esta clase política, atrincherada en unas organizaciones que apenas reciben luz del exterior, propende a confundir los intereses generales con los suyos propios[58].

Uno de los peores males endémicos de la democracia es la partitocracia, que lisa y llanamente equivale a sustituir el interés general por los intereses privados de su cúpula y, de manera especial, por el interés particular del líder que reduce al partido a ser mero instrumento para el logro de sus ambiciones.

Ningún partido del escenario político español se libra del virus de la partitocracia, pero en esto, como en todo, existen grados e intensidades. Los partidos que más presumen organización democrática son, frecuentemente, los que menos pueden alardear de serlo. Ocurre tanto en la derecha como en la izquierda del espectro político, pero es sobre todo en las organizaciones políticas de izquierda donde se recurre a eufuismos que pretenden ocultar la falta de democracia interna. El sintagma «centralismo democrático» es utilizado para designar lo que no es sino pura autocracia ejercida por la cúpula o singularmente por el líder. No se trata de señalar a ningún partido en concreto, pero en España existen diversos partidos o movimientos políticos que se rigen por el principio leninista del centralismo democrático, que no deja de ser un eufemismo de la dictadura pura y dura del jefe. Otro de los vicios políticos que priman en los partidos políticos es el del culto a la personalidad del líder, que se explicita en una forma de vasallaje feudal y tiene por método y costumbre el acatamiento por unanimidad o aclamación.

---

58  *Panfleto contra la trapacería política.* S. Wagner y M. Fuertes. Ediciones Deliberar (2021).

# LA METAMORFOSIS DEL PSOE

El *sanchismo* se sustenta sobre un partido político (PSOE), que previamente ha sido abducido por el líder. Otro caso de liderazgo cesarista lo hallamos en Unidas Podemos, partido fundado y liderado por el exvicepresidente del Gobierno de Pedro Sánchez, que reproduce fielmente el paradigma del partido leninista. Pedro Sánchez logró regresar a la secretaría general del PSOE, de donde fue antes derrocado, despertando en la militancia una ilusión democrática que rápidamente fue negada por la realidad de los hechos.

Pedro Sánchez convirtió al PSOE no en un «instrumento fundamental para la participación política», tal como la Constitución española demanda, sino en un artefacto personal para alcanzar y permanecer en el poder *sine die*, negando legitimidad política a quien pretenda sustituirlo.

La nostalgia es una mala compañía en política, ya que falsea la realidad y se presta a muchos equívocos. Uno de los principales equívocos en la política española es la añoranza del viejo PSOE de siempre, aquel que se rehízo en el congreso de Suresnes celebrado en 1974 y del que tomaron las riendas Felipe González, Nicolas Redondo, Enrique Múgica y Alfonso Guerra. Un partido netamente socialdemócrata inspirado en los modelos socialistas del norte de Europa. Un partido socialista que compartió con el centro derecha español el protagonismo de la Transición política y consensuó la redacción de la Constitución de 1978. El PSOE que modernizó España y lo introdujo en la Unión Europea. Pues bien, aquel partido dejó de existir o al menos mutó de manera radical convirtiéndose en algo sustancialmente distinto. El caparazón y las siglas son los mismos, pero el partido dejó de ser lo que fue. Ha mutado su ideología, la forma de organizarse y su concepción de la política.

Las ideas de las que se nutría el PSOE netamente socialdemócrata eran los principios ilustrados de la libertad, igualdad y fraternidad. El PSOE de Pedro Sánchez es hoy una organización opaca y ajena a las libertades inspiradas en las leyes. Ha mutado a una organización donde la libertad de pensamiento y expresión están ausentes. Los militantes carecen de voz y los órganos y comités intermedios han sido laminados.

El PSOE se ha convertido en una plataforma electoral sin otro proyecto que el de conducir al líder al poder. Las famosas primarias que llevaron a Sánchez a la secretaría general significaron el principio del fin del PSOE. Francesc Carreras lo formulaba de manera magistral en un artículo publicado en *El Confidencial*:

> Las primarias se fueron imponiendo en una u otra de sus formas. Fue entonces cuando se vio claro que no eran más que una impostura, un procedimiento que en lugar de democratizar los partidos los convertía en estructuras rígidas y autoritarias en las que se impedía más que nunca el debate interno. Nunca ha habido tan poca democracia interna en los partidos como tras generalizarse las primarias. La razón era muy simple: se entendió mal lo que era una democracia y se aplicó a los partidos esta mala forma de entenderla. En efecto, y simplificando mucho, la idea democrática se compone de dos elementos básicos: la elección de quienes gobiernan y el control de estos por parte de los gobernados. Ambos elementos —elección y control— son esenciales, si alguno falta no hay democracia. La elección otorga al gobernante su legitimidad de origen y el control su legitimidad de ejercicio. Así sucede en las elecciones legislativas entre electores y elegidos, así también en las relaciones entre Gobierno y oposición en el interior de la vida parlamentaria.
>
> En las primarias de los partidos se utiliza solo el primer elemento, la elección, pero se elimina el segundo, el control (…). En definitiva, las primarias en los partidos están copiadas de las formas democráticas populistas: elecciones sin control[59].

El líder elegido mediante primarias posee una legitimidad de origen y no tiene que dar cuenta a nadie que no sean los militantes que le han elegido. Posee un poder absoluto en el partido. Si el líder así elegido alcanza la presidencia del Gobierno, tenderá a actuar de manera personal y despótica, dando la espalda a la división de poderes, persuadido por la falsa ilusión de su legitimidad de origen.

El PSOE regido por Pedro Sánchez es un partido de signo autocrático, que en nombre de su origen democrático niega toda libertad de opinión y expresión a sus militantes, limitándose estos a aplaudir y honrar a su líder.

---

59  Las primarias, una impostura democrática (2021, 16 de mayo). F. Carreras. *El Confidencial*. https://blogs.elconfidencial.com/espana/la-funesta-mania-de-escribir/2021-05-16/las-primarias-una-impostura-democratica_3082688/

Pero no es solo el valor de la libertad el que ha sido lesionado. Otro de los principales valores del socialismo liberal e ilustrado es el de la igualdad. También en este valor, el PSOE ha mutado para convertirse en un partido que prioriza la identidad sobre la igualdad. El PSOE ha adquirido en el mercado del populismo las doctrinas más extremas de la ideología *woke*, procedentes de las universidades americanas aferradas a teorías como el nativismo, el feminismo extremo y la redención de las minorías. El hecho de que los Gobiernos de Sánchez se sostengan sobre los hombros de partidos nacionalistas de carácter étnico, ha influido en la asunción de sus idearios que son explícitamente contrarios a la igualdad de todos.

El valor de la fraternidad que fue seña de identidad secular de la mejor socialdemocracia, ha mutado a una idea banderiza de la sociedad donde solo existen amigos y enemigos que se contraponen hasta el infinito. Esta mutación comenzó a tomar cuerpo de la mano de José Luis Rodríguez Zapatero cuando institucionalizó el Pacto de Tinell suscrito ante notario entre el PSC y ERC, entre otros, en el año 2003. Es una vez más Francesc Carreras quien da cuenta de esta importante mutación operada en el seno del PSOE:

> En efecto, la izquierda clásica, la de la libertad política y la igualdad social, con el acento en esta última, se consideró, ya en tiempos de Rodríguez Zapatero, que debía ser modernizada y se introdujeron dos elementos nuevos y perturbadores, la memoria histórica y las identidades colectivas, ambos elementos ajenos a las ideas de izquierda pero que en sus dosis justas se hubieran podido asimilar sin traumas. Pero la ley que reguló la denominada memoria histórica, concepto por cierto harto confuso, se convirtió en un retorno a los viejos demonios, al recuerdo de la guerra civil como arma política, a una España de buenos y malos, de franquistas y antifranquistas. Lo superado en la Transición volvió a ocupar un lugar en la política española. (https://theobjective.com/elsubjetivo/opinion/2023-05-04/confusion-izquierda/)

El *bibloquismo* instituido por el PSOE de la mano de Podemos se ha convertido en la razón de ser del socialismo populista que inspira a Sánchez. La principal y única meta del socialismo *sanchista* es alcanzar el poder y mantenerse en él, por lo que es fundamental la demonización del enemigo (la derecha), siguiendo las pautas del teórico inspirador del nazismo, Carl Schmitt.

Es, por lo tanto, una falsa y nociva nostalgia la de quienes sueñan con la restauración de aquel partido socialdemócrata que renació en Suresnes y comandó la Transición con la derecha conservadora, estableciendo lazos de fraternidad ilustrada entre las distintas tradiciones políticas de España.

## LA MUTACIÓN DEL PSOE EN LAS COORDENADAS DE R. J. LIFTON

La mutación del PSOE obedece también a vicios tipificados en los regímenes totalitarios y en organizaciones de carácter sectario. El historiador y médico psiquiatra americano Robert Jay Lifton, a quien nos hemos referido ya en este ensayo, ha estudiado a organizaciones religiosas y políticas que adolecen de una falta de libertad al estar abducidos por un líder que ejerce un control exhaustivo sobre sus fieles o seguidores, sin permitir ningún tipo de disidencia u opinión disidente. Lifton entrevistó a numerosas personas que formaron parte de sociedades totalitarias como el nacional socialismo, el comunismo chino o el régimen de Corea del Norte, estableciendo un patrón de conducta que se regularía por los siguientes ocho criterios, que pueden aplicarse a diversos contextos como las sectas, regímenes autoritarios, movimientos fanáticos o partidos de sesgo sectario y radical.

Los criterios establecidos por Lifton son también aplicables a organizaciones políticas y, singularmente, a partidos políticos que forman parte de sociedades de carácter *totalista*, proclives a la instauración de una normalidad maligna o tóxica a la ya nos hemos referido con anterioridad. En este sentido, la mayoría de los criterios señalados por Lifton son aplicables a partidos, no solo de la izquierda sino incluso de la derecha populista. En España cabría referirse a partidos como el nuevo PSOE, Podemos o Vox, como posibles afectados por los criterios establecidos por Robert Jay Lifton. Nosotros nos fijaremos en la plausibilidad de que dichos criterios sean aplicables al nuevo PSOE de Pedro Sánchez.

1. Control del entorno: Se trata de aislar a las personas de las fuentes de información externas y de controlar su comunicación

interna y externa, creando una realidad paralela que solo el grupo posee y que se impone como la única válida. Se trata de ver la realidad desde la perspectiva del líder. En el caso del nuevo PSOE son los argumentarios los que fijan la verdad de las cosas, así como la adecuada visión de la realidad. Mediante el control de los medios públicos se pretende implantar una mentalidad hegemónica que la oposición ha calificado como *sanchismo* sociológico.

2. Manipulación mística: Se trata de inducir estados emocionales intensos y experiencias paranormales que se atribuyen a la intervención divina o al poder del líder, creando una sensación de dependencia y obediencia ciega. Los mítines y reuniones a puerta cerrada reafirman el sentido de pertenencia al bloque progresista. Es el líder quien dictamina lo que es la verdad y la virtud política y es, asimismo, quien otorga la etiqueta de progresista o reaccionario y fascista, según se tercie.

3. Exigencia de pureza: Se trata de establecer unos estándares absolutos de moralidad y conducta establecidos por el líder y que deben cumplirse para pertenecer al grupo, generando una división entre el bien y el mal, los puros y los impuros, los salvados y los condenados. En el caso del nuevo PSOE, es el líder quien establece los criterios del bien y el mal, es también quien garantiza la buena ubicación en el lado correcto de la historia, la pertenencia o no al universo progresista.

4. Culto a la confesión: Se trata de obligar a las personas a depurar sus pensamientos, sentimientos y acciones, sometiéndolos a un escrutinio constante y a una presión para cambiar y arrepentirse, creando una sensación de culpa y vergüenza. Los militantes se convierten en feligreses de un credo al que se ha de ser fiel. El credo no está escrito, sino que emana de la mutante opinión del líder. El culto a la confesión suele adquirir, habitualmente, la forma del culto a personalidad del líder.

5. Sacralización de la ciencia: Se trata de presentar la ideología del grupo como una verdad científica e incuestionable, que no admite ningún tipo de duda o crítica, y que se usa para justificar cualquier acción o decisión del líder o del grupo. No cabe dudar de la bondad del discurso que fija el líder. La disidencia es castigada con la expulsión, sin que el disidente

tenga derecho a réplica, ni pueda acogerse a los derechos que le incumben ante el comité de garantías. Nicolas Redondo fue expulsado del nuevo PSOE sin que se le diera la oportunidad de defenderse y sin que el comité de garantías se reuniera para debatir sobre su caso. Se había atrevido a poner en duda la rectitud del discurso populista de Sánchez.

6. La carga del lenguaje: Se trata de usar un lenguaje especializado y cargado de significado que refuerza la visión del mundo del grupo y que dificulta el pensamiento independiente y la comunicación con los no miembros, creando una barrera lingüística y cognitiva. El líder es quien crea el neolenguaje y las palabras significan lo que el líder determina. En el nuevo PSOE las palabras «verdad», «progreso», «socialismo» o «igualdad» no significan lo que la RAE determina, sino que cada palabra cobra su significado por boca del líder.

7. Doctrina sobre la identidad grupal: Se trata de reinterpretar la historia personal y la identidad de las personas según la ideología del grupo, negando o distorsionando sus recuerdos, sentimientos y valores anteriores, creando una nueva personalidad conforme al molde del grupo. En el nuevo PSOE, ni el pasado de la organización ni el bloque ideológico fijado en los congresos constituyen su identidad política, sino que es el relato mutante y subjetivo del líder el que decreta su difusa ideología. Lo que importa es el sentimiento de pertenencia que emana del hecho de saberse miembro del lado progresista de la historia. Es el líder quien define, en cada circunstancia, en qué consiste el progresismo.

8. Fe de vida: Se trata de decidir quién tiene derecho a existir (políticamente) y quién no, según el grado de adhesión o rechazo a la ideología del grupo, otorgando o negando la legitimidad, el reconocimiento, el respeto o la protección a las personas, creando una sensación de miedo y hostilidad. En el caso del nuevo PSOE, la dispensación de la existencia se ha de entender en sentido figurado y es que suele adoptar la forma de la cancelación o de la muerte civil del disidente. Pedro Sánchez niega a los conservadores la legitimidad para acceder al poder y sataniza a sus oponentes negándoles su derecho a la existencia política.

En gran medida, los criterios establecidos por Lifton para evaluar el grado de toxicidad («normalidad maligna») de los colectivos humanos, parecen convenir al nuevo PSOE instituido por Pedro Sánchez. El colectivo narcisista construido por proyección del grupo en el líder obtiene su fortaleza en el resentimiento grupal de los miembros «progresistas» que constituyen el PSOE *sanchista*, en contraposición al enemigo identificado como la derecha o las derechas en su globalidad. La reversión de los valores históricos de la socialdemocracia española se opera conforme al mecanismo psicológico e ideológico del resentimiento que Nietzsche y Max Scheler describieron hace más de un siglo, y que autores contemporáneos como Marc Ferro, Philippe Burrin, Marc Angenot o Francis Fukuyama, entre otros, asumen y corroboran.

Al establecer los ocho criterios del paradigma del grupo sectario, Robert Jay Lifton tiene en mente a los regímenes totalitarios que han recurrido al lavado sistemático de las mentes, y es consciente de la semejanza entre dichos grupos y los colectivos religiosos. En un contexto como el actual, donde la religión ha sido expulsada del ámbito público al privado, los partidos políticos adquieren un sesgo específico que podríamos definir como religioso, entendiendo por tal el vínculo moral y psíquico que une a los miembros del colectivo político, y que halla en el liderazgo del líder el sentido de sus vidas. La izquierda política ha sido históricamente más proclive a la sacralización de sus postulados y cree estar en posesión de la virtud política, de ahí su pretensión de una superioridad moral, que la realidad se empeña en negar. La herencia de Robespierre es muy dilatada en el tiempo y alcanza a todos los que ven en la política la manera de ser virtuosos.

# Epílogo

Un proverbio vasco reza que todo cuanto tiene un nombre, existe (*izena duen guztia da*). El refrán cuenta con siglos de existencia, pero no por ello deja de ser una mera ilusión nominalista, aunque viene al pelo en estos tiempos de la posverdad en los que las palabras han venido a sustituir a la realidad. El Gobierno de Pedro Sánchez blasona de progresista, por ejemplo, pero nada es más incierto si tomamos en cuenta a quienes lo forman o apoyan. El más determinante de sus apoyos políticos es el partido liderado por Puigdemont, y calificar a Junts de progresista supera al más voluntarista de los nominalismos. Según los criterios más obvios del análisis político, un partido que por boca de Quim Torra define al conjunto de los españoles como bestias «carroñeras, víboras, hienas. Bestias con forma humana, que destilan odio. Un odio perturbado, nauseabundo, como de dentadura postiza con verdín», es un partido que difícilmente cabe definir de progresista. Otro tanto cabe afirmar de otro de los apoyos fundamentales que participa de la «dirección del Estado» y lleva tras sus espaldas el peso moral de más de 853 muertos provocados por 3500 atentados del terrorismo vasco, una circunstancia que no ha impedido a Pedro Sánchez calificar a Bildu de progresista. Tampoco parece ser la quintaesencia de progresismo el partido que forma parte de la coalición que gobierna España junto al PSOE y que tiene a gala su rancia ideología neocomunista, al tiempo que apoya la invasión de Ucrania por parte de Putin.

Parece una broma de mal gusto calificar al independentismo catalán y vasco de progresista, pero es lo que hay. Poco a poco, el presidente del Gobierno ha ido despojando a su gobierno de coalición de los calificativos de socialista, feminista y otras diversas connotaciones, hasta fijar la cualidad de progresista como principal adjetivo que predomina sobre los demás. En la definitiva disección de la ciudadanía española en bloques irreductibles, tan solo existe la España progresista que lidera Pedro Sánchez, frente a la España retrógrada y reaccionaria conformada por los votantes de las derechas. Este esquema bipolar es tan simple como falso, pero tiene la virtud de consolidar el bloque autodefinido como progresista, que en su virtud capitaliza todas las bondades del progreso y ninguna de las maldades derivadas del tenebroso regreso al infierno de la decadencia y el obscurantismo. Es así como impulsado por el viento a favor del progreso, Sánchez y su Gobierno se sitúan en el lado bueno de la historia, mientras que sus oponentes son condenados a deambular por las cunetas y los riscos de la anti-historia.

El gran logro político de Pedro Sánchez es el haber creado un enemigo frente al cual se justifican la arbitrariedad y el decisionismo más desencarnado con tal de vencer al mal y a la sinrazón, representados por la derecha conservadora de España. Todo vale si de vencer al mal se trata. Curiosamente, el mecanismo emocional y mental que anima al bloque capitaneado por Sánchez se asemeja al de la cruzada con la que Franco pretendió erradicar del escenario político español a la anti-España, encarnada por las hordas judeo-masónicas. Este escenario bipolar construido por Pedro Sánchez corresponde fielmente al diseño que Carl Schmitt dibujó con éxito y fue implementado por el nacionalsocialismo alemán.

La cruzada de Sánchez iniciada contra las derechas de aquí y de allá, ya que su ambición abarca incluso Europa y América, no tiene otro objetivo que el alumbrar una falsa moral que justifique el rebasamiento de la ley y la instauración del decisionismo, basándose en la supuesta excepcionalidad de la coyuntura política. Carl Schmitt ya anticipó que soberano es quien es capaz de declarar el estado de excepción. Ya en el año 2020, Pedro Sánchez decretó, por dos veces, el estado de alarma, escudándose en la epidemia provocada por el covid-19. Desde aquella fecha, Pedro Sánchez se ha significado por gobernar de espaldas al Parlamento y ha recurrido de manera reiterada a la excusa de la excepcionalidad para ejercer su tarea ejecutiva mediante el reiterado recurso al decreto ley. España vive en un estado de excepción legislativo *de facto*, desde que Pedro Sánchez asumió la presidencia del Gobierno. Con Sánchez, la democracia deliberativa ha dejado paso a la democracia «aclamativa», donde la mayoría gubernamental aprueba por aclamación, sin debate ni informes de los órganos previstos por la Constitución, las leyes decretadas por un Gobierno que decide sin consultas ni contrates. Los usos y modos parlamentarios son sustituidos por la astucia y el desprecio al adversario. Es normal que al enemigo que encarna el mal se le niegue incluso el agua o que incluso se le humille con carcajadas estentóreas y mortificantes desde la tribuna del Congreso de los Diputados.

En un escenario político en el que el legislativo está colonizado y dominado por el ejecutivo, el líder que preside el Gobierno de la nación tiene la capacidad de imponer sus decisiones sin contrapeso alguno, convirtiendo la gobernanza en un acto soberano y excepcional. La excepción se convierte en regla y el decisionismo sustituye a la democracia deliberativa, donde el Estado de derecho funciona gracias a la autonomía de los poderes del Estado. Una vez que el legislativo queda a merced del ejecutivo, la democracia se devalúa y el Estado de derecho queda supeditado al albur y a la decisión del líder que preside el Ejecutivo. Este es el escenario político español que Sánchez ha construido neutralizando los contrapesos en los que la democracia se fundamenta. En el escenario actual, tan solo escapa al control de Sánchez el poder judicial que resiste, como puede incluso saltándose la letra de la Constitución, con el ánimo de preservar su espíritu. No es de extrañar que voces críticas como la del historiador Antonio Elorza, Fernando Savater e incluso Javier Cercas hablen de dictadura, infamia o llamen a la rebelión de la ciudadanía, ante el deterioro de la democracia española que Pedro Sánchez representa. Pedro Sánchez encarna el triunfo del decisionismo y la excepcionalidad en la política española.

Fue Carl Schmitt quien, basándose en el pensamiento conservador de Donoso Cortes y Joseph Maistre, formuló la teoría del decisionismo en el que se sustenta el derecho a decidir de los remozados nacionalismos de Euskadi y Cataluña. Pedro Sánchez, huérfano de una teoría política autónoma, ha optado por hacer suyos los postulados políticos de quienes lo han aupado al poder y se ha subrogado en el decisionismo de los soberanismos vasco y catalán, así como en el populismo de la extrema izquierda de Podemos y Sumar. El decisionismo consiste, en breve, en la preeminencia de la voluntad sobre el derecho.

Del decisionismo de Pedro Sánchez recordaremos tan solo dos expresiones. La primera de ellas afecta a la política exterior de España, y se materializó mediante una carta remitida al monarca marroquí en la que cambiaba la política referida al Sahara, sin encomendarse ni al Congreso ni a su Consejo de Ministros. España todavía aguarda una explicación del presidente del Gobierno donde razone y explique los porqués de un cambio súbito de la política exterior, que afectó gravemente a las relaciones de España con Argelia y al suministro de gas, en plena crisis energética. La segunda y más reciente «decisión» soberana de Pedro Sánchez se refiere a la negociación secreta y opaca de los votos precisos para ser investido presidente del Gobierno. En dichas negociaciones decidió ofrecer una amnistía a los protagonistas del golpe de Estado de 2017 en Cataluña, que supone la inmunidad de Puigdemont y la subrogación del relato de los secesionistas catalanes. No contento con la concesión de la amnistía, Pedro Sánchez prometió condonar 15.000 millones de deuda contraída por la Generalitat con España. Es manifiesta la arbitrariedad de Sánchez al ofrecer la amnistía y la condonación de la deuda sin estar habilitado para ello y basándose en su personal albedrío. Decididamente jamás se pagó tan cara una investidura en toda la historia política de Europa. Se pagó, además, con el dinero de todos y grave menoscabo de la igualdad de los ciudadanos.

C. Schmitt concebía la democracia como algo esencialmente antiliberal. Él afirmaba que la democracia consistía en la identidad entre gobernantes y gobernados, lo cual supone necesariamente la homogeneidad, es por ello que afirmaba que «el poder político de una democracia estriba en saber eliminar o alejar lo extraño y lo desigual, lo que amenaza la homogeneidad». Estas palabras del teórico nazi cobran actualidad ante la declarada intención de Pedro Sánchez, cuando en el Parlamento declaró su voluntad de construir un muro que preservara al progresismo liderado por él ante la derecha conservadora que se opone a su decisionismo. En opinión de Carl Schmitt, la dictadura es el auténtico vehículo de la unidad popular. El pensamiento político de Schmitt es también hondamente anticonstitucional; siempre estuvo fascinado por lo excepcional, lo no organizado, lo irregular. El territorio ordinario de la política es la crisis, dirá evocando a Frederich Nietzsche. No puede aspirarse a la domesticación de la política. Ésta no puede someterse nunca a reglas fijas. Es la necesidad la que en cada ocasión dicta lo que es la virtud.

Schmitt propone la idea de comunidad con «personas esencialmente ligadas». Esa «comunidad» es la que puede llevar a superar la degradación del Estado producido por el liberalismo. En las coordenadas de Schmitt la «comunidad especialmente ligada» podría ser asimilado a la comunidad progresista que Sánchez reclama como legítima y digna de preservación.

Para Schmitt, la esencia de las relaciones políticas es el antagonismo. Desde esta óptica, el rebasamiento del Estado de derecho y de la legalidad constitucional por parte de la comunidad genuina de los elegidos se legitima por la existencia de un enemigo que contraviene la virtud del progreso auspiciado por el líder aglutinador de la comunidad. El bloque progresista liderado por Pedro Sánchez se confunde con la «comunidad especialmente ligada» reivindicada por Carl Schmitt. La comunidad antagónica es la '*fachosfera*' según el neologismo creado por P. Sánchez.

C. Schmitt fue juzgado en Nuremberg, pero el tribunal no apreció la importancia de su influjo intelectual. En los años cincuenta su obra fue traducida y editada en España, y fue acogido entre homenajes. Ahora, Carl Schmitt regresa de la mano de los nacionalistas y campeones del «progresismo» y, lamentablemente, sus ideas han calado entre nosotros. Prueba de ello es la vigencia determinante de personajes como Puigdemont, Junqueras y Otegi en el escenario político español. Ellos forman parte de la «comunidad de personas esencialmente ligadas» que constituyen el núcleo del bloque progresista amante de la excepcionalidad y de las decisiones soberanas, aunque arbitrarias. En este peculiar escenario político el interés general no existe. Tan solo existe el interés agregado de las partes minoritarias, pero capaces de determinar la actuación de líder aglutinador.

A la hora de definir y nombrar este complejo y atípico modo de gobernanza, no existe la unanimidad ni el consenso académico. El término que mejor podría englobar el excepcional modo de gobernar de Pedro Sánchez es el del *sanchismo*, que tiene la virtud de acentuar el sesgo personalista e incluso cesarista de los Gobiernos de Sánchez, pero carece de la precisión de sus contenidos ideológicos. El término socialista, por su parte, se antoja alejado de los modelos socialdemócratas al uso, y el propio Sánchez tiene a gala que el partido dirigido por él es nuevo y no homologable a los antecedentes del Partido Socialista Español. El término populista resulta demasiado vago y difuso para definir un modelo que formalmente se aferra a los usos democráticos. En cuanto al término «progresista» tiene todos los visos de un lema del *marketing* político, que contrasta con los métodos y los contenidos políticos de los Gobiernos de Sánchez.

Tal vez, el término que mejor define al modelo político objeto de este ensayo sea el de socialpopulismo, por cuanto que es un híbrido de origen socialista que asume las maneras políticas comunes tanto al populismo de derechas como de izquierdas. Es un híbrido apegado a unas siglas históricas que lo identifican con el socialismo, pero es populista en sus desarrollos. Populismo de izquierda, si se quiere, pero populista al fin y al cabo.

El término socialpopulismo reúne el carácter híbrido de una comunidad política que se autoproclama progresista y que objetivamente se rige por un populismo que tiene en lo social su anclaje, pero que en sus desarrollos políticos tiene como principal meta la perpetuación en el poder del líder aglutinador, sin dejar lugar a la alternancia política. La decisión del líder es la fuente de su legitimidad tautológica, que no está sometida ni a la ley ni al interés general. Se trata de una comunidad política formada por personas esencialmente ligadas al líder o caudillo.

El socialpopulismo consiste en el ejercicio del poder personal, formalmente ejecutado en nombre del pueblo, pero despojando a este de su soberanía en virtud de la superior legitimidad de la decisión soberana del líder. El régimen político establecido por el social populismo no está sujeto a la ley ni a la norma, ya que la voluntad soberana del pueblo se confunde con la virtud política enunciada por el líder en cada circunstancia.

En la segunda parte de las memorias de Pedro Sánchez que lleva *Tierra firme* por título, se cantan las excelencias de nuestro presidente y se glorifica su manera de ejercer el poder, sin atisbo alguno de autocrítica. Sánchez se nos presenta como el avezado piloto que ha traído a buen puerto la nave que es España. La exitosa singladura, sin embargo, no ha acabado aún, ya que se propone navegar «de la resistencia a la tierra firme que llegará cuando culminen las transformaciones en marcha[60]». Las transformaciones en marcha son

---

60    *Tierra firme*. P. Sánchez. Ediciones Península (2023).

varias y todas ellas afectan, negativamente, a la estabilidad política de la nación, a la unidad de su territorio y a la concordia de la sociedad española. De la tierra «prometida» y firme que Pedro Sánchez nos propone, se desconoce su carácter institucional, su índole constitucional, su opción entre monarquía parlamentaria o república y, sobre todo, la calidad democrática de su arquitectura cívica.

Es obvio que la necesidad de Sánchez de continuar en el poder ha convertido en virtuosas todas las anomalías morales, éticas y políticas que repugnan a la razón política. Pero el socialpopulismo de Sánchez solo entiende de la acumulación de poder y levantamiento de muros para excluir a los ciudadanos que disienten de sus políticas y decisiones de índole personal. Julio Cesar, al cruzar el Rubicón, acabó con la república romana, y Sánchez trata de imponer el imperio de sus decisiones sobre el Estado de derecho. El bien, el progreso y el poder son sus estandartes, pero se rige por el dictamen de Thomas Hobbes: *auctoritas non veritas, facit legem*. Ni la verdad, ni la ley justa, ni la equidad forman parte de los atributos del socialpopulismo, ni tampoco de los de Pedro Sánchez Castejón.

A propósito de la verdad P. Sánchez ha declarado, citando a Aristóteles, que '*la única verdad, es la realidad*'. Fue Juan Domingo Perón quien popularizó la definición que ahora Sánchez hace suya, pero el problema de dicha definición no reside en su genealogía peronista sino en lo que Sánchez entiende por realidad. Freud, Lacan, Lasch, Lifton y un gran número de psiquiatras y pensadores han afirmado que el narcisista consumado suele tergiversar la realidad según le conviene. Es el caso de P. Sánchez cuya percepción de la realidad no coincide con la del común de los mortales. La realidad para Sánchez se confunde con su interés personal que, obviamente, no coincide con el interés general de la ciudadanía. En el socialpopulismo la realidad y la verdad las dicta el líder de la comunidad de los elegidos. Él es quien dicta lo que es el progreso, la virtud y la verdad.

Pero la Verdad prevalecerá y nos hará libres e iguales.

Denia, 2 de febrero de 2024

# Bibliografía

ANGENOT, M. *Les ideologies du resentiment*. XYZ, 1996

ARENDT, H. *Eichmann en Jerusalén: un estudio sobre la banalidad del mal*. Lumen, 2006

AZÚA, F. (2023, 11 de noviembre). Irse preparando. *The objective*. https://theobjective.com/elsubjetivo/opinion/2023-11-11/irse-preparando-sanchez/

BURRIN, P. *Resentimiento y apocalipsis*, Katz, 2006

CAMACHO, I. (2023, 24 de octubre). Arte contemporáneo. *ABC*. https://www.abc.es/opinion/ignacio-camacho-arte-contemporaneo-20231025185954-nt.html

CARRERAS, F. (2021, 16 de mayo). Las primarias, una impostura democrática. *El Confidencial*. https://blogs.elconfidencial.com/espana/la-funesta-mania-de-escribir/2021-05-16/las-primarias-una-impostura-democratica_3082688/

DE MIGUEL BÁRCENA, J. y TAJADURA TEJADA, J. *Kelsen versus Schmitt: Política y derecho en la crisis del constitucionalismo*. Escolar y Mayo, 2022

ELORZA, A. *La religión política*. Haranburu, 1995

FORNÉ, J. *Identidad y narcisismo*, Iano Books, 2007

FREUD, S. *Obras completas*. Biblioteca Nueva, 1968

FUKUYAMA, F. *Identity*. Farrar, 2018

GUEZURAGA, A. *El PSOE en el laberinto*. Ediciones Martínez Roca, 2017

HARANBURU ALTUNA, L. *Odiar para ser*. Almuzara, 2021

HIRIGOYEN, M. F. *El acoso moral*. Paidos, 2013

HIRIGOYEN, M. F. *Los Narcisos*. Paidos, 2020

KERNBERG OTTO. *Desordenes fronterizos y narcisismo patológico*. Herder, 1987

KERNBERG OTTO. *La personnalité narcissique*. Dunond, 2016

KOHUT HEINZ, *Análisis del self*. Amorrortu, 2015

LASCH, C. *La cultura del narcisismo. La vida en una era de expectativas decrecientes*. Capitan Swing, 2023

LEVITSKY, S. y ZIBLATT, D. *Cómo mueren las democracias*. Editorial Ariel, 2018

Leguina, J. *Historia de un despropósito*. Temas de hoy, 2014

Leguina, J. *Pedro Sánchez. Historia de una ambición*. Espasa, 2021

Lifton J.R. *Los médicos nazis*. El ateneo, 2019

Lifton J.R. *Losing Reality*. The New Press, 2019

Mangas Martín, A. (2022, 20 de diciembre). Autocracia parlamentaria. *El Mundo*. https://www.elmundo.es/opinion/2022/12/19/63a057b421ef a0d31c8b45c0.html

Nietzsche. *Genealogía de la moral*. Alianza, 2017

Ovejero, F. *Contra Cromagnon: nacionalismo, ciudadanía y democracia*. Montesinos, 2006

Ovejero, F. *La trama estéril*. Montesinos, 2011

Ovejero, F. *La seducción de la frontera*. Montesinos, 2016

Ovejero, F. *La deriva reaccionaria de la izquierda*. Página indómita, 2018

Ovidio. *Metamorfosis. Libro III. Biblioteca Virtual Miguel de Cervantes*, 2002

Sama, J. (2020, 28 de mayo). ¿Nos gobierna un psicópata? *Confidencial Digital*. https://www.elconfidencialdigital.com/articulo/la_voz_del_lector/ nos-gobierna-psicopata/20200528175459145810.html

Sánchez, P. *Manual de resistencia*. Ediciones Península, 2017

Sánchez, P. *Tierra firme*. Ediciones Península, 2023

Scheler, M. *El resentimiento en la moral*. Espasa, 1933

Sosa Wagner, F. y Fuertes, M. *Panfleto contra la trapacería política*. Ediciones Deliberar, 2021.

Tajadura Tejada, J. (2023, 11 de diciembre). El partido del pueblo. *El Correo*. https://www.elcorreo.com/opinion/tribunas/javier-tajadura-tejada-partido-pueblo-20231011235153-nt.html?ref=https%3A%2F%2Fwww.elcorreo.com%2Fopinion%2Ftribunas%2Fjavier-tajadura-tejada-partido-pueblo-20231011235153-nt.html

Trechera, J. L. *¿Qué es el narcisismo?* Desclée de Brouwer, 1996

Uriarte, T. Tenía que llegar. (2023, 6 de noviembre). *Fundación para la libertad*. https://paralalibertad.org/tenia-que-llegar-2/

Varela, I. (2023, 8 de septiembre). La mutación genética del psoe y el vacío constitucional. *El Confidencial*. https://blogs.elconfidencial.com/espana/una-cierta-mirada/2023-09-08/mutacion-genetica-psoe-vacio-constiucional_3731368/

Varela, I. (2023, 15 de noviembre). Del «no es no» al «somos más. La España descoyuntada». *El Confidencial*. https://blogs.elconfidencial.com/espana/una-cierta-mirada/2023-11-15/espana-descoyuntada-pedro-sanchez-investidura_3774017/

Varela, I. (2023, 17 de noviembre). ¿Y ahora, qué? Bienvenidos a la Grieta española. *El Confidencial*. https://blogs.elconfidencial.com/espana/una-cierta-mirada/2023-11-17/bienvenidos-grieta-espanola_3775768/

VARGAS-MACHUCA ORTEGA, R. Adiós al socialismo liberal en España. *Claves de razón práctica*, 2022, nº 285

ZARZALEJOS, J. A. (2022, 21 de junio). La gran conspiración de Sánchez y sus cómplices contra el PSOE. *El Confidencial*. https://blogs.elconfidencial.com/espana/notebook/2022-06-21/la-gran-conspiracion-de-sanchez-y-sus-complices-contra-el-psoe_3446957/

Este libro, por encomienda de la editorial Almuzara, se terminó de imprimir el 1 de abril de 2024. Tal día, de 1939, en España, Radio Nacional anuncia el último parte de la Guerra Civil, declarando la derrota del «ejército rojo» y dando por finalizada la contienda. Comienza, así, la dictadura de Francisco Franco.